곁에 두고
읽는
인생 문장

김환영 지음

곁에 두고
읽는
인생 문장

거장의 명언에서
길어 올린
38가지 삶의 지혜

앤의books

본 도서는 2013년에 출간된 『인생은 즐거운 말을 먹고 자란다』(이케이북)의 개정판입니다.

우리의 운명은 겨울철 과일나무와 같다.
그 나뭇가지에 다시 푸른 잎이 나고
꽃이 필 것 같지 않아도,
우리는 그것을 꿈꾸고
그렇게 될 것을 잘 알고 있다.

─요한 볼프강 폰 괴테

성공과 행복을 부르는
지혜의 문장들을 만나다

우리는 살면서 여러 가지 문제에 맞닥뜨린다. 인생에서 뜻하지 않은 고비들을 마주할 때마다 보이지 않는 불안과 회의감에 휩싸이기 쉽고, 이는 자신도 모르는 사이에 성장을 가로막는 커다란 장벽이 되어 버린다.

그래서일까? 세상을 움직인 위대한 지도자들은 늘 고전을 곁에 두고 탐독하며, 고전 속에서 삶의 지혜와 혜안을 얻었다. 오늘날까지 많은 사람들이 고전을 '지혜의 정수精髓'로 꼽으며 시간을 내서라도 읽으려 하는 이유도 여기에 있다. 베토벤도, 모차르트도, 괴테도, 생텍쥐페리도 습작 시대가 있었다. 앞서간 선인들의 업적을 무시하고 처음부터 시작하는 것은 힘들다. 성공한 인생, 행복한 삶으로 거듭나려면 세상을 움직인 위인들의 문장들을 밑줄 쳐가며 공부해야 한다.

그러나 하루하루 바쁜 일상에 치여 사는 우리가 모든 고전을 다 읽기란 쉬운 일이 아니다. 이럴 때 가장 좋은 방법은 '명언집'을 읽는 것이다. 고전의 정수만을 가려 뽑은 책이 명언·격언집이다. 서양 전통에서는 '인용문 사전'이 있다. 인용문引用文은 '남의 말이나 글에서 직접적 또는 간접적으로 따온 문장'이다. 동서고금東西古今을 통틀어 시대와 장소를 초월해 회자되는 문장은 그 한마디 한마디가 고전이다.

명언에는 힘이 있다. 결단과 선택을 요구하는 순간에는 명언이 결정타를 날리기도 한다. 자신의 미래가 걸린 인생 갈림길에서는 물론이고, 타인을 설득하고 협상하는 과정에서, 나아가 집단이나 공동체를 이끌어 갈 때에도 명언 한마디는 그 뿌리를 지탱하는 단단한 힘이 되어준다.

『곁에 두고 읽는 인생 문장』은 소위 '거장'이라 불리는 세계 최고 명사 500인의 명언과 격언, 아포리즘을 하나의 스토리로 묶어서 소개하는 책이다. 이 책에 나오는 거장들은 모두 동서고금 말의 챔피언으로, 이들의 명언에는 우리가 미처 놓치기 쉬운 인생에 대한 통찰과 지혜가 담겨 있다.

불확실한 시대 속에서 삶을 단단히 지탱해줄 문장들부터 개인과 조직의 성장을 이끌어내는 문장들, 나아가 세상을 바라보는 안목을 넓히는 문장들까지 총 38개의 주제로 나누어 소개한다. 부록에는 본문에 나오는 수백 개의 문장 중에서도 독자 여러분이 가슴에 한 번쯤은 꼭 새겨 봤으면 하는 문장 30개를 뽑아 필사 형식으로 실었다.

　오늘날 지나친 경쟁에 지쳐 힘이 빠지고, 어떻게 살아야 할지 몰라 방황하며, 무엇이 옳고 그른 것인지 헷갈린다는 사람들이 많다. 그들에게 이 책에 실린 '인생 문장'이 필연처럼 다가오는 고난을 헤쳐 나가고, 자기 자신에게 확신을 갖게 하는 삶의 버팀목으로 뿌리내리기를 바란다.

　리더라면 더욱 추천한다. 최고경영자CEO를 비롯한 세상 모든 리더는 멋있는 말과 글로 기억되는 사람이다. 아무리 바빠도 중요한 스피치와 칼럼은 직접 쓰는 리더야말로 품격이 있는 리더다. 스피치나 칼럼을 어떻게 시작해야 할지 막막한 리더에게 이 책은 서재에 꽂아두고 필요할 때마다 꺼내서 써먹는 든든한 인용문 사전이 되어줄 것이다.

　마지막으로 『곁에 두고 읽는 인생 문장』을 독자 여러분께서 '옆구리 혹은 머리맡에 놓고 두고두고 읽는 책'으로 꼽아주시길 감히 희망하며 글을 마친다.

2020년 봄
김환영

차례

들어가는 말 ○ 007

성공과 행복을 부르는
지혜의 문장들을 만나다

1

삶을 지탱하는 문장들
|
자신이 생각보다
괜찮은 사람임을 믿어라

해답 ○ 017
인생의 문제는 해결되는 것이
아니라 해소되는 것이다

변화 ○ 023
변화는 변화를 바라는
사람에게만 온다

결정 ○ 029
결정을 내리는 순간
걱정의 절반은 사라진다

목표 ○ 035
목표가 있다는 것은
엄청난 경쟁력이다

2

성장을 이끄는 문장들
|
무엇이 인생을
살 만한 것으로 만드는가

시간 ○ 043
시간이 나서 살지 말고
시간을 내서 살아야 한다

습관 ○ 049
이기는 것은 습관이다,
그러나 불행히도
지는 것 또한 습관이다

행복 ○ 055
행복에도 적당한
악력握力이 필요하다

희망 ○ 061
삶이 있는 한,
언제나 희망은 있다

3

공감을 부르는 문장들

|

우아하고 노련하게
마음을 사로잡아라

읽기 ○ 069
독서와 마음은
운동과 몸의 관계와 닮았다

듣기 ○ 075
듣는 시늉만 잘해도
사랑받는 사람이 된다

쓰기 ○ 081
글쓰기는 설득력 있는
사람이 되는 비결이다

말하기 ○ 087
대화가 어려울 땐
말의 원칙만 기억하라

4

소신을 지키는 문장들

|

흔들린다고 신념을
쉽게 포기하지 마라

지식 ○ 095
지식에 이끌리는 삶은
즐거운 삶이다

비전 ○ 101
비전이 있는 사람에게는
매 순간이 기회다

마법 ○ 107
마법을 믿지 않는 사람은
마법을 발견할 수 없다

가정 ○ 113
위대한 사람도 실패하고
미천한 사람도 성공하는
세계가 가정이다

5

내공을 다지는 문장들

|

나를 지키려면
비굴해지지 마라

운명 ○ 121
지혜의 친구는
행운이 아니라 불행이다

분노 ○ 127
내일로 미뤄야 할
유일한 것이 있다면
그것은 분노다

고통 ○ 133
멋진 일만 생겼던 사람은
용기 있는 사람이 될 수 없다

동정심 ○ 139
동정심은 인간성의
출발점이자 종착지다

6

통찰력을 키우는 문장들

|

현혹당하지 말고
통찰하라

창의성 ○ 147
독창성은 들키지 않은
표절이다

열정 ○ 153
열정은 좋은 하인이지만
나쁜 주인과도 같다

인(仁) ○ 158
인과 사랑은 다른 것 같지만
결국 같다

신뢰 ○ 164
오늘을 신뢰해야
내일을 잡는다

칭찬 ○ 170
칭찬에도 잘 쓰는
지혜가 필요하다

7

안목을 넓히는 문장들

|

보이는 것 너머의
세상을 보라

역사 ○ 177
역사를 아는 것은
위기에 대한 감각을
기르는 일이다

문화 ○ 183
단순함을 간직한 문화가
강한 문화다

종교 ○ 189
종교의 힘을 쓸 줄 아는
공동체가 미래를 차지한다

예술 ○ 195
예술을 사랑하는 영혼은
결코 늙지 않는다

8

격을 높이는 문장들

|

보다 품격 있는
인생을 꿈꿔라

권력 ○ 203
권력을 사랑해야
권력을 얻는다

돈 ○ 209
돈은 모든 악과
모든 선의 뿌리다

명예 ○ 215
아름다운 실패에는
더 큰 명예가 있다

전략 ○ 221
지혜로운 인생경영은
전략에 달렸다

9

리더를 위한 문장들

|

위기에 휘어져도 좋다,
꺾이지만 않는다면

부록 ○ 258

인생을 바꾸는
명문장 필사 30

경쟁 ○ 229

경쟁을 피하면
결과는 더 불행해진다

조직 ○ 235

조직에 잘 적응하는
사람이 결국 성공한다

관계 ○ 241

'부장답지 않은 부장'도
부장으로 대하라

협상 ○ 247

협상의 기술만 알면
사는 게 쉬워진다

리더십 ○ 253

진정한 리더는
희망을 파는 사람이다

1

삶을 지탱하는 문장들

자신이 생각보다
괜찮은 사람임을 믿어라

해답　　　○　　　인생의 문제는
　　　　　　　　　　해결되는 것이 아니라
　　　　　　　　　　해소되는 것이다

　　사람은 생각하는 동물이다. 의식주 문제를 두고 고민하지
만 어떤 문제에 대한 해답을 찾는 데도 골똘하다. 문제가 있다
면 답도 반드시 있는 것일까. 답이 아예 없는 문제도 있을 수
있다. 인간의 존재나 인생에 대한 문제들이 그렇다.

　　정신분석학자 에리히 핀카스 프롬Erich Pinchas Fromm, 1900~1980은
이렇게 주장했다.

　　"인간은 자기 존재의 문제에 대해 해답을 찾아야 하는 유
일한 동물이다(Man is the only animal for whom his own existence is
a problem which he has to solve)."

　　분석심리학자 카를 구스타프 융Carl Gustav Jung, 1875~1961에 따

르면 인생 문제는 해결되는 게 아니라 해소되는 것이다. 그는 이렇게 말했다.

"가장 중대한 인생의 문제들은 근본적으로 해결이 불가능하다. 그런 문제들은 절대 해결될 수 없으며 다만 성숙하게 됨에 따라 털어낼 수 있다(The greatest and most important problems of life are all fundamentally insoluble. They can never be solved but only outgrown)."

인생은 행동과 경험이다

해답 찾기에 시간을 허비하느니 행동과 경험을 중시해야한다는 철학자들도 있다. 요한 볼프강 폰 괴테Johann Wolfgang von Goethe, 1749~1832는 이렇게 말했다.

"인간은 우주의 문제에 대한 해답이 아니라 무엇을 해야하는지를 찾기 위해 태어났다. 그리고 그가 이해할 수 있는 범위 내에서 스스로를 자제하기 위해서다(Man is not born to solve the problem of the universe, but to find out what he has to do; and to restrain himself within the limits of his comprehension)."

같은 맥락에서 덴마크의 종교철학자 쇠렌 아비에 키에르케고르Søren Aabye Kierkegaard, 1813~1855는 주장했다.

"인생은 해결해야 할 문제가 아니라 경험해야 할 현실이다(Life is not a problem to be solved, but a reality to be experienced)."

인생의 본질 같은 고차원적인 문제가 아니라도 모든 문제는 어렵다. 영국 총리를 지낸 알렉 더글러스 흄Alec Douglas-Home, 1903~1995은 이렇게 말했다.

"내 인생에는 문제가 두 개 있다. 정치적 문제는 해답이 없고 경제적 문제는 이해할 수 없다는 것이다(There are two problems in my life. The political ones are insoluble and the economic ones are incomprehensible)."

해답 찾기가 어렵더라도 그나마 문제가 보이면 천만다행이다. 문제가 안 보이는 게 더 큰 문제다. 영국 작가 길버트 키스 체스터턴Gilbert Keith Chaesterton, 1874~1936은 말했다.

"그들은 해답을 보지 못하는 게 아니라 문제를 보지 못한다(It isn't that they can't see the solution. It is that they can't see the problem)."

문제가 보여도 흐릿하게 보인다면 별 도움이 되지 않는다. 문제가 또렷하면 해답도 또렷하게 떠오른다. 미국의 영화감독 밀턴 카첼라스Milton Katselas, 1933~2008는 주장했다.

"해답은 문제에 내재돼 있다(Within the problem lies the solution)."

해답 찾기는 공동 작업이기도 하다. 문제가 선명하면 다른 사람이라도 해답을 언젠가는 찾을 수 있다.

"모든 생각하는 사람에게 가장 큰 도전은 해답이 가능하게 문제를 제시하는 것이다(The greatest challenge to any thinker is stating the problem in a way that will allow a solution)."

버트런드 러셀Bertrand Russell, 1872~1970이 한 말이다.

"잘 제시된 문제는 반쯤 풀린 것과 마찬가지다(A problem well stated is a problem half solved)."

미국 공학자 찰스 프랭클린 케터링Charles Franklin Kettering, 1876~1958이 한 말이다.

솔루션의 원천은 독서, 전문가, 생각이다

문제가 제대로 제시되면 그다음 할 일은 무엇일까. 미국의 기업인이자 작가 짐 론Jim Rohn, 1930~2009은 스스로 세 가지 질문을 하라고 권했다.

"어떤 문제든 해결하려면 스스로에게 세 가지 질문을 해야 한다. 첫째, 나는 무엇을 할 수 있는가. 둘째, 무엇을 읽을 수 있는가. 셋째, 누구에게 물을 수 있을까(To solve any problem, here are three questions to ask yourself: First, what could I do? Second, what could I read? And third, who could I ask?)."

문제 해결에 도움이 되는 문헌과 전문가를 선정하는 것 외에 해야 할 가장 중요한 일은 생각하는 것이다. 해답을 찾기 위한 생각은 꾸준해야 한다. 볼테르Voltaire, 1694~1778는 주장했다.

"그 어떤 문제도 지속적인 생각의 공격에 대항할 수 없다 (No problem can stand the assault of sustained thinking)."

해답을 찾기 위해 생각하는 것은 고통스럽다. IBM 창립자 토머스 존 왓슨Thomas John Watson, 1874~1956이 말했다.

"사람들이 생각할 의지만 있다면 세상의 모든 문제를 해결할 수 있다. 곤란한 점은 사람들이 너무나 자주 생각하지 않기 위해 온갖 수단을 동원한다는 것이다. 생각하는 것은 그만큼 힘들다(All the problems of the world could be settled if people were only willing to think. The trouble is that people very often resort to all sorts of devices in order not to think, because thinking is such hard work)."

해답을 생각해내기가 어려운 이유 중 하나는 낡은 고정관념 때문이다. 독일 태생의 미국 물리학자 알베르트 아인슈타인 Albert Einstein, 1879~1955은 주장했다.

"오늘의 문제에 대한 해답은 그 문제들을 야기한 사고방식으로는 찾을 수 없다(We cannot solve today's problems using the mindset that created them)."

솔루션solution을 얻은 다음에 할 일은 답을 평가하는 것이다. 답이라고 다 좋은 것은 아니다. 답은 아름다운 게 좋다. 미국의 건축가이자 발명가, 미래학자인 리처드 풀러Richard Buckminster Fuller, 1895~1983는 해답의 아름다움에 대해 이렇게 말했다.

"어떤 문제를 다루는 과정에서 나는 해답의 아름다움에 대해서는 절대 생각하지 않는다. 오로지 문제를 해결할 생각을 한다. 그러나 작업을 끝냈을 때 해답이 아름답지 못하면 나는 그 해답이 틀렸다는 것을 안다(When I'm working on a problem, I never think about beauty. I think only how to solve the problem. But when I have finished, if the solution is not beautiful, I know it is wrong)."

복병이 있다. 간단한 답은 아름답게 보인다. 간단한 답에는 함정이 있을 수 있다. 미국 언론인 헨리 루이스 멩켄Henry Louis Mencken, 1880~1956은 심지어 이렇게 주장했다.

"모든 인간의 문제에는 깔끔하고 간단한 해답이 있지만 그 답은 항상 그르다(For every human problem, there is a neat, simple solution and it is always wrong)."

;

올바른 해답은 간단하기에 아름답다.
그러나 간단한 답은 종종 틀린 답이다.

변화   ○

변화는
변화를 바라는
사람에게만 온다

『주역周易』과 『누가 내 치즈를 옮겼을까Who Moved My Cheese?』 가 얼핏 주는 느낌은 매우 다르다. 그러나 실은 두 책 모두 변화가 주제다. 변화에 대한 회의도 있다. '변화는 없다'고 주장하는 철학자도 있다.

머리와 힘이 아니라 변화 능력이 생존 조건이다

프랑스 작가 장 바티스트 알퐁스 카Jean-Baptiste Alphonse Karr, 1808~1890는 말했다.

"바뀔수록 똑같다(The more things change, the more they are

the same)."

혁명이 일어난 후에도 열의와 광기가 식으면 사회가 일상으로 돌아간다. 변화를 내세워 집권에 성공한 정부도 가면 갈수록 이전 정부와 비슷해진다.

크고 작은 변화는 만물의 속성이다. 헤라클레이토스Heraclitus, B.C.540?~B.C.480?는 유명한 말을 남겼다.

"같은 강에 두 번 발을 들여놓을 수 없다(You can't step into the same river twice)."

그는 또한 말했다.

"변화 이외에는 항구적인 것이 없다(There is nothing permanent except change)."

불교의 가르침도 같다. 부처님은 말했다.

"모든 것이 변한다. 변하지 않고 그대로 남아 있는 것은 없다(Everything changes, nothing remains without change. 諸行無常)."

존 F. 케네디John Fitzgerald Kennedy, 1917~1963도 이렇게 말했다.

"변화는 삶의 법칙이다. 과거나 현재만 바라보는 사람들은 미래를 놓치기 마련이다(Change is the law of life. And those who look only to the past or present are certain to miss the future)."

미래의 가능성, 기회를 놓치는 것으로 끝나면 불행 중 다행이다. 생존까지 위협받을 수 있다. 미국의 작가이자 의학박사인 스펜서 존슨Spencer Johnson, 1940~은 『누가 내 치즈를 옮겼을까』에서 경고했다.

"변하지 않으면 당신은 사라지게 된다(If you do not change, you will become extinct)."

변화 없는 생존은 없다. 찰스 다윈Charles Darwin, 1809~1882도 말했다.

"살아남는 종種은 가장 강하거나 가장 영리한 종이 아니라 변화에 가장 잘 반응하는 종이다(It is not the strongest of the species that survive, nor the most intelligent, but the one most responsive to change)."

변화는 보수와 진보를 초월한다. 때로는 보수가 변화와 더 친하다. 보수적 가치의 수호에 가장 절실한 것도 변화다. 근대 보수주의의 아버지인 에드먼드 버크Edmund Burke, 1729~1797도 역설했다.

"변화의 수단이 없는 국가는 자기 보전의 수단이 없는 국가다(A State without the means of some change is without the means of its conservation)."

좌파와 우파를 막론하고 리더는 '변화 전문가'여야 한다. 기독교 작가 존 맥스웰John C. Maxwell은 이렇게 말했다.

"역사상 그 어떤 위대한 리더도 변화를 막기 위해 싸우지 않았다(No great leader in history fought to prevent change)."

변화의 출발점은 개인이다.

"나는 세상을 바꾸기를 바랐지만, 확실하게 바꿀 수 있는 것은 자기 자신이라는 것을 깨달았다(I wanted to change the world. But I have found that the only thing one can be sure of changing is oneself)."

영국의 소설가 겸 비평가 올더스 헉슬리_{Aldous Leonard Huxley, 1894~1963}가 내린 결론이다. 러시아 소설가 톨스토이_{Lev Nikolayevich Tolstoy, 1828~1910}는 한탄조로 이렇게 표현했다.

"누구나 세상을 바꿀 생각을 하지만 아무도 자기 자신을 바꿀 생각은 하지 않는다(Everyone thinks of changing the world, but no one thinks of changing himself)."

변화는 개인과 세계를 연결하는 고리다. 변화한 개인은 세계를 바꿔야 하며 또 바꿀 수 있다. 미국의 화가이자 영화 제작자 앤디 워홀_{Andy Warhol, 1928~1987}은 말했다.

"세월이 사물을 변화시킨다고 하지만 실제로는 여러분 스스로 사물을 변화시켜야 한다(They say that time changes things, but actually you have to change them yourself)."

변화를 두려워하지 마라

변화 방법론에는 어떤 게 있을까? 체 게바라_{Che Guevara, 1928~1967}는 말했다.

"세상이 여러분을 바꾸도록 놔두면, 여러분은 세상을 바꿀 수 있다(Let the world change you and you can change the world)."

'수신제가치국평천하_{修身齊家治國平天下}'라고 했다. 세상은 곧 평정平定을 기다리는 천하天下다. 평천하의 출발점은 심신心身을 닦는 수신修身이다. 수신은 곧 개인적인 변화의 목표에 도달하고 그 상태를 유지하는 것이다. 세상이 요구하는 목표에 부응해야 세상을 정복할 수 있다.

변화가 전부다. 그러나 사람은 변화를 꺼리고 두려워한다. 볼테르는 말했다.

"사랑 빼놓고는 모두 바꿔라(Change everything except your loves)."

미국의 경제학자 존 케네스 갤브레이스John Kenneth Galbraith, 1908~2006는 이렇게 말했다.

"마음을 바꾸는 것과 그럴 필요가 없다는 것을 증명하는 것 사이에 선택하라고 하면 거의 모든 사람들은 증명하느라 바쁘다(Faced with the choice between changing one's mind and proving there is no need to do so, almost everyone gets busy on the proof)."

하버드 대학교 비즈니스스쿨 교수인 존 코터John Kotter, 1974~ 등 변화경영 전문가들에 따르면 변화는 머리가 아니라 마음, 느낌의 문제다. 진실을 보고 느끼는 새로움이 변화의 계기다. 분노라는 감정이 중요할 때도 있다.

맬컴 엑스Malcolm X, 1925~1965는 이렇게 말했다.

"사람이 슬프면 보통 아무 일도 하지 않는다. 처지를 한탄할 뿐이다. 그러나 분노하게 되면 사람들은 변화의 원인이 된다(Usually when people are sad, they don't do anything. They just cry over their condition. But when they get angry, they bring about a change)."

코터 교수는 변화를 시도하는 조직의 70퍼센트가 실패하는 이유는 '총체적인 접근법holistic approach'을 취하지 않기 때문이라고 주장하며 '변화를 이끄는 8단계 과정the 8-Step Process for Leading Change'을 제시했다. 첫 번째 단계는 '변화가 시급하다는 인식을 설정하는 것Establishing a Sense of Urgency'이다.

고대 그리스의 비극 작가 아가톤Agathon, B.C.450~B.C.400은 주장했다.

"신神도 과거는 바꿀 수 없다(Even God cannot change the past)."

신이 전지전능하다면 과거도 바꿀 수 있다. 인간은 현재 세상을 바꿔 미래를 바꿀 수 있다. 변화의 시급성을 인식한다면.

;
변화의 출발점은 개인이다.
또한 변화는 개인과 세계를 연결하는 고리다.
변화한 개인은 세계를 바꿀 수 있다.

결정 ○ 　　　결정을 내리는 순간
　　　　　　　　　걱정의 절반은 사라진다

　　결정이 지배, 피지배를 가른다. 오피니언 리더_{opinion leaders}들은 공동체의 결정에 영향을 준다. 정책결정자_{decision makers}들은 실제로 결정을 짓는다. 장 프랑수아 리오타르_{Jean-François Lyotard, 1924~1998}의 주장을 들어보자.

　　"현재에도 미래에도 지배계급은 정책결정자들로 이뤄진 계급이다(The ruling class is and will continue to be the class of decision makers)."

　　'변화의 서_書'인 『주역』은 '세계 최고_{最古}의 정책결정 시스템(the world's oldest decision-making system)'이기도 하다. 변화가 없다면 결정도 필요 없다. 선인_{先人}의 전통에 따라 조직을 꾸려

나가면 된다. 고대의 제왕에서 현대의 CEO까지 우두머리들이 하는 일은 변화를 따라가고, 변화를 주도하는 결정을 내리는 것이다.

선택은 결정의 '부분집합'이다

결정이란 무엇인가? 결정은 선택과 긴밀하면서도 다르다. 선택은 결정의 '부분집합sub-set'이다. '선택選擇, choice'은 '여럿 가운데서 필요한 것을 골라 뽑는 것'이다. '결정決定, decision'은 '행동이나 태도를 분명하게 정하는 것'이다. 옥스퍼드영어사전은 결정을 다음과 같이 정의한다.

"연구 끝에 내리는 결론이나 결의(a conclusion or resolution reached after consideration)."

삶은 선다형選多型 선택보다는 주관식 결정에 가깝다. 피너츠 시리즈로 유명한 미국 만화가 찰스 먼로 슐츠Charles M. Schulz, 1922~2000는 이렇게 고백했다.

"나는 가끔 밤에 잠들지 못한 채 드러누워 이렇게 묻는다. '인생은 선다형 시험인가 아니면 정오正誤 가리기 시험인가?' 그러면 어둠으로부터 어떤 목소리가 내게 말한다. '이런 말 하기 싫지만 인생은 1,000단어 분량의 논술이다'(Sometimes I lie awake at night and I ask, 'Is life a multiple choice test or is it a true or false test?' Then a voice comes to me out of the dark and says, 'We hate to tell you this, but life is a thousand-word essay').”

결정은 어려운 시련이다. 어려운 만큼 리더를 결정하는 조건이다. 딘 애치슨Dean Gooderham Acheson, 1893~1971 미국 국무장관은 말한다.

“신神의 선물 중에 가장 드문 선물은 결정 능력이다(The rarest gift that God bestows on man is the capacity for decision).”

나폴레옹Napoléon Bonaparte, 1769~1821도 말했다.

“결정할 수 있다는 것보다 더 어려운, 따라서 더 소중한 것은 없다(Nothing is more difficult and therefore more precious, than to be able to decide).”

선택의 폭이 너무 넓으면 결정이 힘들다. 컬럼비아 대학교 비즈니스스쿨 석좌교수인 쉬나 아이엔가Sheena Iyengar, 1969~는 『선택의 심리학The Art of Choosing』에서 이렇게 주장했다.

“사람들은 큰 숫자(20-30)가 아니라 적당한 숫자(4-6)의 선택이 주어졌을 때 어떤 선택을 할 가능성이 더 크고, 결정에 대해 더 큰 자신감을 가지며, 선택에 대해 더 행복하다(When people are given a moderate number of options (4 to 6) rather than a large number (20 to 30), they are more likely to make a choice, are more confident in their decisions, and are happier with what they choose).”

섣부른 나쁜 결정도 우유부단보다는 낫다

지금은 선택의 고민이 아니라 창조적 결정의 고통이 따르는 시대다. 뾰족한 수가 없는 시대다. 그 어느 때보다 나쁜 결정의 리스크가 큰 시대다. 시대를 초월해 다음과 같은 산스크리트 속담을 귀담아 들어야 한다.

"나쁜 시기에는 나쁜 결정만 내리게 된다(In bad times, you make only bad decisions)."

좋은 시기가 좋은 결정을 보장하는 것은 아니다. 미국 소설가 에드워드 달버그Edward Dahlberg, 1900~1977는 말했다.

"여러분이 내리는 모든 결정은 잘못이다(Every decision you make is a mistake)."

경제·경영은 그나마 정치보다 처지가 낫다. 영국의 존 몰리John Morley, 1838~1923는 말했다.

"정치에서 선택은 항상 나쁜 것 두 가지 중 하나를 고르는 것이다(In politics the choice is constantly between two evils)."

동양 전통에서는 결정, 행동을 미뤄야 할 때도 있다고 본다. 서양 전통은 상대적으로 결정, 행동에 더 큰 점수를 주는 경향이 있다. 시어도어 루스벨트Theodore Roosevelt, 1858~1919 대통령은 이렇게 말했다.

"모든 결정의 순간에서 최선은 올바른 일을 하는 것이다. 차선次善은 잘못된 일을 하는 것이다. 최악은 아무 일도 하지 않는 것이다(In any moment of decision, the best thing you can do is the right thing, the next best thing is the wrong thing, and the worst thing you can do is nothing)."

브라이언 트레이시Brian Tracy, 1944~도 비슷한 말을 한 '결정 지상주의자'다. 그는 이렇게 말했다.

"결단성은 높은 성과를 올리는 사람들의 특징이다. 거의 모든 결정이 아무런 결정을 내리지 않는 것보다 낫다(Decisiveness is a characteristic of high-performing men and women. Almost any decision is better than no decision at all)."

서양에도 신중함prudence의 전통이 있지만, 언론인이자 작가인 말콤 글래드웰Malcolm Gladwell, 1963~은 『블링크Blink』에서 이렇게 주장했다.

"아주 신속하게 내린 결정도 신중하고 찬찬히 내린 결정만큼 어느 모로 보나 훌륭하다(Decisions made very quickly can be every bit as good as decisions made cautiously and deliberately)."

결정이 반이다. 결정을 봤다면 반쯤은 문제가 해결된 것이다. 미국의 철학자이자 시인인 랠프 에머슨Ralph Waldo Emerson, 1803~1882은 말했다.

"여러분이 결정을 내리면 우주가 몰래 힘을 모아 결정을 실현시킨다(Once you make a decision, the universe conspires to make it happen)."

파울로 코엘료Paulo Coelho, 1947~는 『연금술사The Alchemist』에서 에머슨을 본떠 말했다.

"여러분에게 소망이 있을 때, 온 우주가 몰래 힘을 모아 여러분이 소망을 이루도록 돕는다(When you want something, all the universe conspires in helping you to achieve it)."

두 말을 묶어보면, 소망이 잉태한 결정에 결실을 보장하는 것은 우주 그 자체다.

기원전 49년 가이우스 율리우스 카이사르Gaius Julius Caesar, B.C. 100~B.C. 44는 다음과 같은 명언을 남기며 루비콘 강을 건넜다.

"주사위는 던져졌다(The die is cast)."

소망이 있고 결단이 있으면 카이사르가 이룩한 성과를 꿈꿀 수 있다.

;
소망은 결정의 어머니요,
온 우주는 결단 실현의 도우미다.

목표 ○ 목표가 있다는 것은
엄청난 경쟁력이다

하버드 MBA 학생들에게 이렇게 물어봤다.

"미래를 위해 명료한 목표를 설정해 글로 써놨으며, 목표 성취를 위한 계획을 수립했는가?(Have you set clear, written goals for your future and made plans to accomplish them?)"

대답을 보니 학생들의 3퍼센트만 글로 쓴 목표와 계획이 있었다. 13퍼센트는 목표는 있었으나 글로 써놓지는 않았다. 84퍼센트는 아무런 구체적인 목표가 없었다.

10년 후에 조사해보니, '성문成文 목표'가 있었던 학생 3퍼센트는 나머지 97퍼센트보다 10배가 넘는 돈을 벌고 있었다. 목표는 있으나 문서화하지 않은 13퍼센트는 목표가 없던 84퍼센트보다 수입이 평균 두 배였다. 마크 맥코맥_{Mark Hume McCormack,} 1930~2003이 지은 『하버드 MBA에서도 가르쳐주지 않는 것들_{What} They Don't Teach You in the Harvard Business School』에 소개된 연구 사례다.

'성문 목표'가 있다는 것은 엄청난 경쟁력이다

'다른 조건이 같다면_{other things being equal}', 예컨대 지능·교육·
의지 같은 것들이 같다면, 성공과 실패, 행복과 불행을 가르는
것은 목표의 존재 여부다. 대다수가 목표 없이 하루하루를 살
아가는 환경에서는 목표가 있는 것만도 엄청난 경쟁력이다. 다
수가 목표를 갖게 된다면 목표의 질이 문제다. 무엇이든 품질
을 평가하는 데에는 기준_{criteria}이 필요하다.

1980년대부터 목표의 기준을 외기 쉽게 정리한 스
마트_{SMART}가 애용되고 있다. 스마트폰의 종류가 다양하듯
'SMART'를 구성하는 단어들도 다양하게 선택할 수 있다. 일
반적으로 S는 구체적_{specific}/간단한_{simple}, M은 측정할 수 있는
_{measurable}/의미 있는_{meaningful}, A는 도달 가능한_{attainable}/야심적인
_{ambitious}, R은 현실적인_{realistic}/결과지향적인_{results-oriented}, T는 시기
적절_{時期適切}한_{timely}/시간제한이 있는_{time-bound}이다.

아포리즘 세계의 명사들도 목표 설정에 필요한 '손대중_{rule of}
_{thumb}'을 제시했다. 1차 문제는 목표를 높게 잡는 것과 낮게 잡
는 것 중 어느 게 더 좋은지의 문제다. 미국 시인 헨리 워즈워

스 롱펠로Henry Wadsworth Longfellow, 1807~1882는 약간 '오버'할 것을 권한다.

"과녁을 맞히려면 약간 위를 겨누어야 한다. 땅은 모든 날아가는 화살을 끌어당기기 때문이다(If you would hit the mark, you must aim a little above it. Every arrow that flies feels the attraction of earth)."

교실에서건 업계에서건 10등이 되려면 10등이 아니라 7등을 목표로 해야 한다는 말이다.

10등이 된 다음에는 5등을 목표로 해 7등이 되고, 7등이 된 다음에는 3등을 목표로 해 5등이 된다. '목표 설정 → 목표 실천 → 목표 달성 → 새로운 목표 설정·실천·달성'이라는 선순환virtuous circle이 정착하면 끝없이 성장할 수 있다. 독일계 미국 심리학자 쿠르트 레빈Kurt Lewin, 1890~1947은 그 과정을 이렇게 요약한다.

"성공적인 사람은 대체로 다음 목표를 마지막 성취보다 어느 정도 더 높게 잡지만 지나치게 높게 잡지는 않는다. 그는 이런 방식으로 포부를 점차 높여간다(A successful individual typically sets his next goal somewhat but not too much above his last achievement. In this way he steadily raises his level of aspiration)."

목표 설정에는 시간의 차원도 중요하다. 100년도 못 살면서 1,000년을 생각하는 게 사람이다. '백년대계百年大計'도 필요하지만 5년, 10년이 더 문제다. 윈스턴 처칠Winston Leonard Spencer-

Churchill, 1874~1965은 가까운 미래의 중요성을 강조한다.

"너무 멀리 보는 것은 잘못이다. 운명의 사슬은 한 번에 한 고리씩만 다룰 수 있다(It is a mistake to look too far ahead. Only one link in the chain of destiny can be handled at a time)."

집중력과 집요함을 끝까지 발휘하라

사람의 기질이나 조직의 특성에 따라 황당하게 높은 목표가 긍정적으로 작용할 수 있다.

"가장 터무니없고 무모한 목표가 놀라운 성공의 원인이 되는 경우도 있다(The most absurd and reckless aspirations have sometimes led to extraordinary success)."

프랑스의 수필가인 뤽 드 클라피에르 보브나르그Luc de Clapiers Vauvenargues, 1715~1747가 한 말이다. 물리학자 스티븐 호킹Stephen William Hawking, 1942~2018처럼 '무모한' 목표가 성과의 비결일 수 있다. 그는 이렇게 말했다.

"내 목표는 간단하다. 내 목표는 우주에 대해 완벽하게 이해하는 것이다(My goal is simple. It is the complete understanding of the Universe)."

목표 실천 단계에서 중요한 것은 집중력과 집요함이다. 자동차 회사 포드의 창설자이자 저술가인 헨리 포드Henry Ford, 1863~1947는 이렇게 집중력 저하의 위험성을 경고한다.

"장애물이란 목표에서 눈을 뗐을 때 보이는 무서운 것들이다(Obstacles are those frightful things you see when you take your eyes off your goal)."

생물학자 루이 파스퇴르Louis Pasteur, 1822~1895는 자신이 학문적으로 성공한 비결을 이렇게 요약했다.

"나를 목표로 인도해준 비밀을 알려주겠다. 내 강점은 순전히 집요함에 있다(Let me tell you the secret that has led me to my goal. My strength lies solely in my tenacity)."

조직의 경우에는 충성심의 중요성이 부각된다. 경영 스타일에 대한 연구로 유명한 조직심리학자 렌시스 리커트Rensis Likert, 1903~1981는 말했다.

"그룹에 대한 충성도가 높을수록, 그룹의 목표를 달성하겠다는 그룹 구성원들의 동기가 강하며 그룹의 목표를 달성할 확률도 높아진다(The greater the loyalty of a group toward the group, the greater is the motivation among the members to achieve the goals of the group, and the greater the probability that the group will achieve its goals)."

목표 달성에도 유종의 미가 중요하다. 괴테의 말마따나 쉬운 일이 아니다.

"어려움은 우리가 목표에 근접해갈수록 증가한다(Difficulties increase the nearer we approach our goal)."

고대 그리스 역사가 헤로도토스Herodotos, B.C.484?~B.C.425?는 이

렇게 막판 뒷심을 강조한다.

"어떤 사람들은 목표에 거의 도달했을 때 계획을 포기한
다. 다른 이들은 반대로 마지막 순간에 그 어느 때보다 강력한
노력으로 승리를 쟁취한다(Some men give up their designs when
they have almost reached the goal. While others, on the contrary, obtain
a victory by exerting, at the last moment, more vigorous efforts than ever
before)."

;
10등 하려면 7등을, 5등 하려면 3등을
목표로 삼아야 한다.
목표의 질을 결정하는 요소는
스마트SMART다.

2

무엇이 인생을
살 만한 것으로 만드는가

시간 　○　 시간이 나서 살지 말고
시간을 내서 살아야 한다

　　정치나 경제, 종교, 의식주에 대해선 누구나 많은 생각을
한다. 먹을 걱정, 입을 걱정을 하고 나라의 미래에 대해 이런저
런 아이디어가 있다. 누구나 다양한 관점에서 한마디씩 할 수
있다.

　　시간이란 무엇인가? 우리 존재를 구속하는 것들 중에서
시간만큼 말할 거리가 빈곤한 것도 없다. 일반인만 그런 게 아
니다. 아우렐리우스 아우구스티누스Aurelius Augustinus, 354~430는 이
렇게 말했다.

　　"그렇다면 시간이 뭐냐고? 질문을 받기 전에는 시간이 뭔
지 알 것 같았는데, 막상 설명하려고 보니 모르겠다(What then

is time? If no one asks me, I know what it is. If I wish to explain it to him who asks, I do not know)."

위대한 철학자에게도 아리송한 게 시간이지만 시간을 자유자재로 부리는 사람이 성공할 수 있는 사람이요, 행복한 사람이다. 프랑스 철학자 샤를 드 몽테스키외Charles De Montesquieu, 1689~1755가 한 말처럼 말이다.

"대부분의 경우 성공은 성공에 걸리는 시간을 아는 데 달렸다(Success in the majority of circumstances depends on knowing how long it takes to succeed)."

시간을 아끼려면 시간에 투자해라

많은 사람들은 성공에 필요한 시간을 알아내려는 의지가 없다. 의지는 있어도 방법을 모른다. 알아내도 필요한 시간을 확보하지 못한다. 프랭클린 필드Franklin Field는 이렇게 말했다.

"성공과 실패를 가르는 거대한 경계선은 단어 다섯 개로 표현할 수 있다. '내겐 충분한 시간이 주어지지 않았다'라는 말이다(The great dividing line between success and failure can be expressed in five words: I did not have time)."

현대인은 자신이 시간이 부족한 이유에 대해서 생각할 시간조차 없다. 그럴수록 시간에 대한 '연구'가 필요하다. 조 테일러Joe Taylor, 1950~의 말처럼 말이다.

"시간을 절약하려면 시간이 든다(It takes time to save time)."

시간 관리time management에 대한 책을 사 읽고 실천해보는 데도 시간이 드는 것이다.

개인의 삶뿐만 아니라 경영이나 비즈니스에서도 시간 관리는 중요하다. 벤저민 프랭클린이 『젊은 상인을 위한 충고Advice to a Young Tradesman』에서 했던 말은 개인과 조직 모두에 해당한다.

"시간은 돈이다(Time is money)."

시간을 관리할 수 없다면 그 무엇도 관리할 수 없다

프랜시스 베이컨Francis Bacon, 1561~1626은 말했다.

"시간은 비즈니스의 척도다(Time is the measure of business)."

영국 속담에 이와 비슷한 표현이 있다.

"시간은 비즈니스의 영혼이다(Time is the soul of the business)."

피터 드러커도 시간을 가장 중시했다. 그는 이렇게 말했다.

"관리자에게 가장 희소한 자원은 시간이다. 시간을 관리할 수 없으면 그 어떤 다른 것도 관리할 수 없다(Time is the scarcest resource of the manager; if it is not managed, nothing else can be managed)."

기왕에 시간에 대해 생각해보는 시간을 냈다면 우선 시간의 속성에 대해 생각해보자. 영국 속담이 강조하는 것처럼 시간은 매정하다.

"시간은 쏜살같이 지나간다(Time flies)."

"세월은 사람을 기다리지 않는다(Time and tide wait for no man)."

시간의 이런 속성은 사람을 수렁에 빠지게 한다. '미루는 버릇procrastination'에서 벗어나지 못하는 것이다. 시간이 부족하면 시간을 아껴 써야 하는데, 오히려 시간을 넉넉히 잡으려는 욕구가 생긴다. 장 폴 사르트르Jean-Paul Sartre, 1905~1980는 이렇게 말했다.

"오후 3시는 하려는 일을 하기에는 항상 너무 늦거나 너무 이르다(Three o'clock is always too late or too early for anything you want to do)."

공감이 가는 말이기도 하지만 오후 3시부터 잘 때까지의 남은 일과 시간에도 많은 것을 할 수 있다. 영국의 정치가 체스터필드Lord Chesterfield, 1694~1773는 이렇게 말했다.

"분分 단위로 일을 처리하면 시간들은 스스로 처리된다(Take care in your minutes, and the hours will take care of themselves)."

시간 관리 전문가 로라 밴더캠Laura Vanderkam은 『168 시간168 Hours』에서 1분의 중요성을 강조했다.

"1분 1분이 선택이다(Every minute is a choice)."

일주일에는 1만 80분이 있다. 분 단위로 시간을 관리하는 것에는 사실 무리가 있을 수 있다. 그러나 시간으로 쪼개도 일주일에는 168시간이나 있다.

시간 정복, 어떻게 해야 할까?

분 단위건, 시간 단위건, 시간 관리에 관심 있는 사람들을 위해 다양한 기법이 나와 있다. 로라 밴더캠은 두 개의 목록을 만들어보라고 권한다. 목록의 제목은 '30분 내에 내가 할 수 있는 일들In 30 minutes, I can……'과 '10분 내로 내가 할 수 있는 일들In 10 minutes or less, I can……'이다.

할 수 있는 일의 목록을 만들면 선택해야 한다. 선택의 기준은 무엇인가? 위급성과 중요성이다. 미국 제34대 대통령 드와이트 데이비드 아이젠하워Dwight David Eisenhower, 1890~1969가 했다는 말에 실마리가 있다.

"중요한 것은 위급한 경우가 드물고, 위급한 것은 중요한 경우가 드물다(What is important is seldom urgent and what is urgent is seldom important)."

한때 미국에서 시간 관리는 문화 신드롬이었다. 자신이 시간을 어떻게 쓰는지 일일이 적어보는 '시간 감사time audit'가 유행했다. 플래너planner 사용도 열병처럼 번졌다. 학교에서 시간 관리를 가르쳐야 한다는 주장도 나왔다. 시간 관리 분야는 엄청난 규모의 시장이 됐지만 성과는 제한적이다.

금연·금주만큼 힘든 게 시간의 정복이다. 다이어트와 마찬가지로 시간 관리에도 '요요 현상'이 있다. 시간 관리 전문가들이 공통적으로 하는 말을 정리해보니 '말짱 도루묵'이 되지 않으려면 두 가지가 필요하다.

첫째, 인생에서 이룩하고자 하는 목표가 명확해야 한다. 둘째, 자신에게 맞는 시간 관리법을 찾아야 한다. 좌절과 실패 속에서 나만의 시간 관리법을 개발해야 한다.

시장에 나와 있는 시간 관리법들은 논리적이고 합리적인 '좌뇌형 인간'들에게 특히 잘 맞는다는 주장도 있다. 산만한 경향이 있는 창조적·직관적인 인간은 그만큼 시간 관리에 익숙해지기가 힘들다. 어쩌면 레오나르도 다빈치Leonardo da Vinci, 1452~1519가 그런 경우다. 그는 시간 관리에 적합한 인물이 아니었다. 다빈치가 남긴 그림은 대작 중의 대작이지만 15개 남짓에 불과하다. 그의 미루는 버릇은 작품 의뢰자들을 종종 절망하게 했다. 변명처럼 다빈치는 다음과 같은 말을 남겼다.

"(인류 역사에서) 무엇이라도 끝난 게 있었는지 내게 말해다오(Tell me if anything was ever done)."

"예술이 완성되는 일은 없다. 미완의 상태로 포기될 뿐이다(Art is never finished, only abandoned)."

;
시간을 정복하는 사람이 소수이기에
성공한 사람, 행복한 사람도 소수인 것이다.

습관　　　○　　　이기는 것은 습관이다,
　　　　　　　　　　그러나 불행히도
　　　　　　　　　　지는 것 또한 습관이다

세상에는 강한 것들이 많다. 돈, 권력, 사랑, 열정 같은 것들이다. 강하기로는 습관만 한 게 없다. 미국의 정치가 아들라이 스티븐슨Adlai Stevenson, 1900~1965은 주장했다.

"법은 절대로 습관만큼 효과적이지 못하다(Laws are never as effective as habits)."

스페인 출신의 미국 철학자 조지 산타야나George Santayana, 1863~1952는 말했다.

"습관은 이성보다 강하다(Habit is stronger than reason)."

오비디우스Publius Ovidius Nasso, B.C.43~A.D.17의 말도 이에 힘을 보탠다.

"습관보다 강한 것은 없다(Nothing is stronger than habit)."

우리는 '습관 결정론habit determinism'이나 '습관 제일주의'에 빠질 수도 있다. '모든 게 다 습관이다'라는 식의 '과격한' 주장을 펼칠 수 있는 것이다. 어떤 연유에서 그런 주장이 나오는지 일단 경청해보자. 미국 미식축구 역사상 가장 위대한 감독으로 평가받는 빈스 롬바르디Vince Lombardi, 1913~1970는 이렇게 말했다.

"이기는 것은 습관이다. 불행히도 지는 것도 습관이다 (Winning is a habit. Unfortunately, so is losing)."

아리스토텔레스에 따르면 뛰어난 성과를 내는 것도 습관이다. 그는 이렇게 말했다.

"우리가 반복해서 하는 행동이 곧 우리다. 그렇게 보면 탁월함이란 행동이 아니라 습관이다(We are what we repeatedly do. Excellence, then, is not an act, but a habit)."

그뿐이 아니다. 게으름도 습관이다. 『홍당무Poil de carotte』의 작가로 유명한 쥘 르나르Jules Renard, 1864~1910는 이렇게 말했다.

"게으름은 지치기도 전에 쉬는 버릇에 불과하다(Laziness is nothing more than the habit of resting before you get tired)."

습관은 게으름, 성격, 운명의 뿌리다

사람은 장점·미덕을 쌓기 위해 노력하지만 미덕도 별게 아니다. 영국의 철학자 윌리엄 페일리William Paley, 1743~1805는 이렇게 말했다.

"사람의 장점에서 큰 부분을 차지하는 것은 좋은 습관이다(A large part of virtue consists in good habits)."

습관이 곧 운명이라는 주장도 있다. 습관과 운명 사이에 놓인 중간 과정은 성격이다. '2단계 결정론'이다. 『법구경法句經』에서 습관은 그래서 더 의미심장하게 느껴진다.

"생각은 말로 나타나고 말은 행동으로 나타나며 행동은 습관으로 발전한다. 습관이 굳어지면 성격이 된다(The thought manifests as the word. The word manifests as the deed. The deed develops into habit. And habit hardens into character)."

법구경에 나오는 부처님의 말을 이어받듯, 미국 신학자 트라이언 에드워즈Tryon Edwards, 1809~1894는 이렇게 말했다.

"행동은 습관을 형성하고 습관은 성격을 결정한다. 성격은 우리의 운명을 굳힌다(Actions form habits; habits decide character; and character fixes our destiny)."

습관이 강한 이유는 습관이 오랜 세월을 통해 뿌리내리기 때문이다. 우리 속담에도 있다.

"세 살 적 버릇이 여든까지 간다."

표도르 미하일로비치 도스토옙스키Fyodor Mikhailovich Dostoevskii, 1821~1881는 세 살을 삼십~사십 살까지 연장해 이렇게 주장했다.

"인생에서 두 번째 반평생은 첫 번째 반평생에서 생긴 습관으로 구성될 뿐이다(The second half of a man's life is made up of nothing but the habits he has acquired during the first half)."

'변명하는 습관'이 실패의 원인이다

나쁜 버릇은 불행, 좋은 버릇은 행복의 원인이다

"습관은 최고의 하인이거나 최악의 주인이다(Habit is either the best of servants or the worst of masters)."

미국 신학자 나다니얼 에몬스Nathaniel Emmons, 1745~1840가 한 말이다.

코 후비는 습관, 다리 떠는 버릇도 나쁘지만 제일 나쁜 버릇 중에는 '변명하는 습관'이 있다. 미국 과학자, 교육자인 조지 워싱턴 카버George Washington Carver, 1943~는 이렇게 말했다.

"실패의 99퍼센트는 습관적으로 변명하는 사람들 탓이다(Ninety-nine percent of the failures come from people who have the habit of making excuses)."

약속 장소에 일찍 가는 것과 같은 일상에서의 습관도 좋지만 끈기만큼 좋은 습관은 없다. 미국의 작가, 언론인 허버트 코프먼Herbert Kaufman, 1878~1947은 이렇게 말했다.

"용기가 야망의 코치 구실을 하는 한, 실패는 '뒤로 미뤄둔 성공'에 불과하다. 끝까지 버티는 습관이 승리하는 습관이다 (Failure is only postponed success as long as courage coaches ambition. The habit of persistence is the habit of victory)."

그렇다면 어떻게 해야 좋은 습관을 가질 수 있을까. 서양 속담에 따르면 유혹에 강해야 한다.

"좋은 습관은 유혹을 물리친 결과다(Good habits result from resisting temptation)."

'그만하면 됐어', '그만 포기해'라고 귀에 속삭이는 유혹에 강해지라는 것이다.

요령도 있다. 미국의 소설가이자 사회풍자가로 유명한 마크 트웨인Mark Twain, 1835~1910은 습관의 요령을 이렇게 전한다.

"매일 하기 싫은 일을 하라. 그렇게 하는 것이 할 일을 고통 없이 하는 습관을 체득하는 황금률이다(Do something every day that you don't want to do; this is the golden rule for acquiring the habit of doing your duty without pain)."

습성의 특성에 대해 잘 아는 것도 중요하다. 북한 속담에 중요한 말이 있다.

"버릇 굳히기는 쉬워도 버릇 떼기는 힘들다."

벤저민 프랭클린도 이렇게 말했다.

"나쁜 습관을 고치는 것보다는 막는 게 더 쉽다(It is easier to prevent bad habits than to break them)."

모든 것을 습관의 문제로 생각해보는 것은 분명 좋은 '사고思考 실험thought experiment'이다. 습관이라는 개념으로 내 생활 24시간을 살펴보면 개선점이 자연스럽게 드러날 것이다. 그런 다음에는 한걸음 물러서자. '습관 결정주의'에서 빠져나올 차례다.

현실을 결정하는 요인은 너무나 다양하다. 습관은 그중 하나일 뿐이다. 미국의 소설가 겸 시인인 허먼 멜빌Herman Melville, 1819~1891은 이렇게 말했다.

"인간은 다른 인간에 대해 터무니없는 억측을 한다. 그 중 가장 심한 것은 좋은 집에서 따뜻하게 살며 잘 먹는 사람들이 가난한 사람들의 습관에 대해 하는 비판이다(Of all the preposterous assumptions of humanity over humanity, nothing exceeds most of the criticisms made on the habits of the poor by the well-housed, well-warmed, and well-fed)."

;
끝까지 버티는 습관이
승리하는 습관이다.

행복　　　○　　　행복에도 적당한
악력握力이 필요하다

"자신이 행복한지 스스로에게 묻는 순간 행복하지 않게 된다(Ask yourself whether you are happy, and you cease to be so)."

존 스튜어트 밀John Stuart Mill, 1806~1873이 말했다. 길버트 체스터턴은 다음과 같이 주장했다.

"행복은 종교와 마찬가지로 신비의 영역에 속하기 때문에 이성적으로 따지면 안 된다(Happiness is a mystery like religion, and it should never be rationalized)."

밀과 체스터턴이 한 말은 현대사회에서는 무시된다. '나는 행복한가'를 끊임없이 묻고, 행복을 과학의 탐구 대상으로 삼는 게 당연한 시대다. 긍정심리학positive psychology과 같은 학문 분과가 행복의 비밀을 벗기고 있지만 연구의 출발점은 고래의 지혜다. 행복이란 무엇인가를 따질 때의 출발점은 옛날 사람들이 한 말이다. 지성으로 명성을 쌓았던 그들이 정의하는 행복은 한결같이 일상과 관련지어 있다. 이런 말들이다.

"인생에서 행복은 딱 한 가지다. 사랑하고 사랑받는 것이다(There is only one happiness in life, to love and to be loved)."- 조르주 상드George Sand, 1804~1876

"세상의 행복에 대해 설명할 때에는 '건강한 몸에 담긴 건강한 마음'이라는 짧은 표현으로 충분하다(A sound mind in a sound body is a short but full description of a happy state in this world)."- 존 로크John Locke, 1632~1704

"마음이 편한 게 행복한 삶이다(A happy life consists in tranquility of mind)."- 마르쿠스 툴리우스 키케로Marcus Tullius Cicero, B.C.106~B.C.43

"주머니 두둑하고, 맛있는 음식 먹고, 소화 잘되는 게 행복이다(Happiness: a good bank account, a good cook and a good digestion)."- 장 자크 루소Jean-Jacques Rousseau, 1712~1778

행복=즐거움+몰두+삶의 의미

그렇다면 행복은 저절로 얻는 것일까, 아니면 노력으로 얻는 것일까? 행복학Science of Happiness에 따르면 노력하면 행복해질 수 있다. 한 심리학 연구에 따르면 행복은 즐거움 더하기, 일에 대한 몰두 더하기, 삶의 의미다. 모두 우리가 어느 정도 통제할 수 있는 것들이다. 그러나 '노력 무용론자'도 많다. 미국의 철학자 에릭 호퍼_{Eric Hoffer, 1902~1983}는 말했다.

"행복 찾기는 불행의 주된 원인 중 하나다(The search for happiness is one of the chief sources of unhappiness)."

영국 작가 올더스 헉슬리도 같은 생각이다.

"행복은 의식적으로 추구한다고 달성할 수 있는 게 아니다. 행복은 보통 다른 활동의 부산물이다(Happiness is not achieved by the conscious pursuit of happiness; it is generally the by-product of other activities)."

잡으려고 해야 잡을 수 있고, 잡으려고 하면 잘 안 잡히는 게 행복이다. '행복 패러독스'다. 행복은 비누와 같다. 꽉 잡으면 튕겨나간다. 행복에도 적당한 악력握力이 필요하다. 어떻게 해야 할까? 행복 대장정의 출발점은 우리 자신이다. 아리스토텔레스는 말했다.

"행복은 우리 스스로에 달렸다(Happiness depends on ourselves)."

더 구체적으로 말하자면 행복의 원천은 환경이 아니라 마음에 있다. 미국의 16대 대통령 에이브러햄 링컨_{Abraham Lincoln, 1809~1865}은 이를 확신한 듯하다.

"대부분의 사람들은 마음먹은 만큼 행복하다(Most folks are

about as happy as they make up their minds to be)."

마음을 어떻게 써야 할까? 마음은 요즘 말로 하면 '뇌의 작용'이다. 뇌는 생각한다. 생각을 잘해야 행복하다. 그래서 프랑스의 모랄리스트 프랑수아 드 라로슈푸코François de La Rochefoucauld, 1613~1680의 말은 곱씹어볼 만하다.

"우리는 결코 우리가 생각하는 만큼 행복하거나 불행하지 않다(We are never so happy or unhappy as we think)."

비교와 걱정은 행복의 적, 나쁜 기억력은 행복의 동지

우리가 우리의 행불행을 과대평가 혹은 과소평가하는 이유는 남들과 비교하기 때문이다. 몽테스키외는 말했다.

"단지 행복해지려고만 한다면 쉽게 행복해질 수 있다. 그러나 우리는 다른 사람들보다 더 행복해지기를 바란다. 남들보다 행복해지는 것은 항상 어려운 일이다. 왜냐면 우리는 다른 사람들이 실제보다 더 행복하다고 믿기 때문이다(If one only wished to be happy, this could be easily accomplished; but we wish to be happier that other people, and this is always difficult, for we believe others to be happier than they are)."

비교는 행복을 제로섬게임Zero-sum game으로 만든다. 한마디로 남들을 향한 안테나를 꺾어야 행복해질 수 있다. 알베르 카뮈Albert Camus, 1913~1960는 말했다.

"행복하려면 남들에 대해 지나친 관심을 갖는 것은 금물이다(To be happy, we must not be too concerned with others)."

걱정 또한 비교 못지않은 행복의 적이다. 오비디우스는 말했다.

"마음에 상처를 주는 사슬을 끊어버리고 더 이상 걱정하지 않는 사람은 행복하다(Happy is the man who has broken the chains which hurt the mind, and has given up worrying once and for all)."

비슷한 이야기로는 에픽테토스Epictetus, 55?~135?가 한 다음과 같은 말이 있다.

"행복으로 가는 유일한 길은 우리의 의지력을 넘어선 일들에 대한 걱정을 끊는 것이다(There is only one way to happiness and that is to cease worrying about things which are beyond the power of our will)."

비교나 걱정과 같이 행복 추구의 방해물만 있는 게 아니다. 의외의 원군도 있다. 알베르트 슈바이처Albert Schweitzer, 1875~1965는 말했다.

"행복이란 건강과 나쁜 기억력에 불과하다(Happiness is nothing more than good health and a bad memory)."

행복한 기억, 불행한 기억이 있을 뿐, 행복이나 불행 그 자체는 없는지도 모른다. 미국 작곡가이자 작가인 오스카 레반트Oscar Levant, 1906~1972는 말했다.

"행복은 여러분이 체험하는 그 무엇이 아니라 기억하는 그 무엇이다(Happiness isn't something you experience it's something you remember)."

신앙심도 행복에 도움이 될 수 있을 것이다. 재미있는 헝가리 속담이 있다.

"믿는 자는 행복하다. 회의하는 자는 현명하다(The believer is happy. The doubter is wise)."

톨스토이는 『안나 카레니나_{Anna Karenina}』에서 말했다.

"모든 행복한 가정은 서로 닮았지만 불행한 가정은 각기 다른 방식으로 불행하다(All happy families resemble one another, but each unhappy family is unhappy in its own way)."

가정 대신 직장을 대입해도 말이 성립한다. 행복학에 따르면 사람은 다른 사람들과 함께 있는 것만으로 행복감이 증가한다. 직장에는 엄청난 행복의 가능성이 있다.

;
'행복 패러독스'
잡으려고 해야 잡을 수 있고,
잡으려고 하면 안 잡히는 게 행복일지니.

희망 ○ # 삶이 있는 한,
언제나 희망은 있다

'판도라의 상자Pandora's box'는 오역이라고 한다. 그리스어 원문에는 '판도라의 항아리Pandora's jar'라고 돼 있다는 것이다. 인류의 어머니인 판도라가 항아리를 여는 바람에 항아리에 들어 있던 온갖 나쁜 것들이 세상으로 쏟아져 나왔다. 항아리에 유일하게 남은 것은 희망이다. 그래서 인간은 희망으로 세상의 모든 절망을 이겨낼 수 있다.

달리 생각해볼 수도 있다. 판도라의 항아리에는 나쁜 것들만 들어 있었다. 그렇다면 희망도 나쁜 게 아닐까? 그렇다고 생각한 사람들이 있다. 그들이 희망을 거부한 이유는 다양하다.

우선 희망은 실상을 못 보게 한다. 알프레드 노벨Alfred Nobel,

은 주장했다.

"희망은 현실의 벌거벗음을 감추는 자연의 장막이다(Hope is nature's veil for hiding truth's nakedness)."

희망이야말로 가장 큰 고통의 원인이 될 수 있다. 니체도 말했다.

"희망은 나쁜 것들 중에서도 가장 나쁘다. 희망은 인간의 고통을 연장하기 때문이다(Hope is the worst of evils, for it prolongs the torments of man)."

기대가 크면 실망이 크다. 희망이 크면 절망도 크다. 조지 버나드 쇼 George Bernard Shaw, 1856~1950의 말은 수긍이 갈 정도다.

"희망이 없었던 이에겐 절망도 없다(He who has never hoped can never despair)."

희망은 과학의 진보를 가로막을 수 있다. 미국 배우인 캐리 스노 Carrie snow, 1953~는 주장했다.

"과학은 희망을 근거로 믿는 것에 대한 거부다(Science is the refusal to believe on the basis of hope)."

희망은 예속의 뿌리가 될 수 있다. 니코스 카잔차키스 Nikos Kazantzakis, 1883~1957는 말했다.

"나는 아무것도 희망하지 않는다. 나는 아무것도 두려워하지 않는다. 그래서 나는 자유롭다(I hope for nothing. I fear nothing. I am free)."

희망은 사람을 바보로 만들 수 있다. 알베르 카뮈도 말했다.

"어떤 사건 때문에 절망하는 사람은 겁쟁이지만 인간 조건에 대한 희망을 지닌 자는 바보다(He who despairs over an event is a coward, but he who holds hope for the human condition is a fool)."

그저 살아 있으면 누구나 희망을 가질 수 있다

급진적 사회운동가들도 '희망' 운운하는 것을 싫어할 수 있다. 사람들이 '혁명'이라는 희망 외에 다른 희망을 갖게 되기 때문이다. 영국 속담처럼 말이다.

"희망은 가난한 사람의 양식이다(Hope is the poor man's bread)."

미국 작가인 잭슨 브라운 2세H. Jackson Brown Jr.는 말했다.

"어떤 사람의 희망을 빼앗지 마라. 그는 희망 말고는 아무것도 가진 게 없는지 모른다(Never deprive someone of hope; it might be all they have)."

그러나 희망에 회의적인 사람들은 희망을 털어내고 새롭게 출발할 것을 주장한다. 그들은 희망이 아니라 절망에서 새로운 가능성을 본다. 프랑스 시인이자 극작가인 알프레드 빅토르 드 비니Alfred Victor de conte Vigny, 1797~1863는 말했다.

"우리는 무엇보다 인간의 마음에서 희망을 제거해야 한다. 지혜의 핵심은 분노에 찬 발작이나 하늘에 대한 원망이 없는 잔잔한 절망이다(Above all, we must abolish hope in the heart of man. A calm despair, without angry convulsions, without reproaches to Heaven, is the essence of wisdom)."

이렇게도 생각해볼 수 있다. 희망이 판도라의 항아리에 아직 남아 있다는 것은 우리가 희망이라고 생각하는 것이 희망 행세를 하는 가짜라는 것을 의미한다. 이렇게 모든 문제를 삐딱하게 뒤집어 볼 수는 있지만 정설定說보다 신기한 이설異說을 너무 좋아하는 것도 화가 될 수 있다.

희망을 믿지 못하는 것이야말로 바보 같은 짓이다. 희망 앞에서는 부자와 빈자, 힘 있는 사람과 힘없는 사람의 구별이 사라진다. 희망에는 아무 조건이 없다. 그저 살아 있으면 그만이다.

"살아 있는 동안에는 희망이 있다(While there's life, there's hope)."

고대 로마 철학자 키케로가 한 말이다. 게다가 희망은 무한대다. 세네카가 한 말처럼 말이다.

"인간은 살아 있는 한 모든 것을 희망할 수 있다(All things are to be hoped by a man as long as he is alive)."

물론 건강하게 살아 있는 게 중요하다.

"건강한 사람에게는 희망이 있고 희망이 있는 사람은 모든 것을 가진 것이다(He who has health has hope and he who has hope, has everything)."

아랍 속담이다. 희망이 곧 지혜다. 알렉상드르 뒤마Alexandre

Dumas, 1802~1870가 한 말은 그래서 더 그럴듯하다.

"모든 인간의 지혜는 두 단어로 요약할 수 있다. 기다림과 희망이다(All human wisdom is summed up in these two words: wait and hope)."

희망이 미덥지 않다면 헬렌 켈러를 보고, 역사를 보라

희망의 효험이 미덥지 않으면 헬렌 켈러Helen Adams Keller, 1880~1968를 보라. 그는 시각, 청각 장애를 희망으로 극복하고 작가, 정치 활동가, 교육자로 활동했다. 그는 희망 앞에는 불가능이 없다는 것을 보여줬다. 또한 사회주의자였던 헬렌 켈러는 이념과 희망이 상극이 아니라는 것도 예시했다. 헬렌 켈러는 말했다.

"희망은 보이지 않는 것을 보고, 만질 수 없는 것을 느끼며, 불가능한 것을 성취한다(Hope sees the invisible, feels the intangible, and achieves the impossible)."

역사를 보라. 희망 성공 사례가 에피소드에 불과하다는 생각이 든다면 말이다. 프랜시스 호지슨 버넷Frances Hodgson Burnett, 1849~1924은 이렇게 말했다.

"처음엔 사람들은 신기한 새로운 일이 일어날 수 있다는 것을 믿으려 하지 않는다. 그다음엔 그 일이 일어날 수 있다고 희망하기 시작한다. 그다음엔 그 일이 일어날 수 있다는 것을 알아차린다. 그다음엔 그 일이 가능하다는 것을 목격한다. 그다음엔 그 일이 수 세기 전에는 왜 일어나지 않았는지 온 세상이 궁금해한다(At first people refuse to believe that a strange new thing can be done, then they begin to hope that it can be done, then they see that it can be done—then it is done and all the world wonders why it was not done centuries ago)."

미국 시인 에즈라 파운드Ezra Pound, 1885~1972는 말했다.

"어떤 인간의 희망은 그의 문명의 척도다(A man's hope measures his civilization)."

희망은 문명과 같은 큰 단위뿐만 아니라 문명의 하위 단위를 평가하는 기준이 될 수 있다. 국민이 품고 있는 희망을 살피면 국가의 수준을 알 수 있다. 재무제표나 수익률, 매출 신장 속도만이 어떤 회사를 평가할 수 있는 게 아니다. 회사원이 출근할 때 지니고 가는 희망은 그가 속한 회사의 척도다.

;

희망에는 아무 조건이 없다.
그저 살아 있으면 그만이다.

3

공감을 부르는 문장들

우아하고 노련하게
마음을 사로잡아라

읽기　　　○　　　독서와 마음은
　　　　　　　　　　운동과 몸의
　　　　　　　　　　관계와 닮았다

　　영어 단어를 익힐 때 영한사전보다 영영사전이 더 유용한 경우가 있다. 특히 영어 단어와 우리말 단어가 일대일 대응이 안 되는 경우에 말이다. '디스트랙션_{distraction}'이라는 단어가 그렇다. 옥스퍼드영영사전에 따르면 'distraction'은 (1) '여러분이 하고 있는 활동이나 생각으로부터 주의를 뺏는 것_{a thing that takes your attention away from what you are doing or thinking about}'이며, (2) '여러분을 즐겁게 하는 활동_{an activity that amuses or entertains you}'이다. 그렇다면 distraction은 '즐거운 딴전'이라고 할 수 있다. '딴전'의 표준국어대사전 정의는 '어떤 일을 하는데 그 일과는 전혀 관계없는 일이나 행동'이다.

즐거운 일이 훼방 놓는 것 중에는 단연 독서가 있다. 영국의 언론인이자 정치가인 리처드 스틸Richard Steele, 1672~1729은 말했다.

"읽기와 마음의 관계는 운동과 몸의 관계와 같다(Reading is to the mind what exercise is to the body)."

누구나 운동을 해야 하는 것처럼 누구나 독서를 해야 한다.

책은 베개, 수면제, 가구가 아니라
즐거움과 자랑의 원천이다

독서를 방해하는 '즐거운 딴전'에는 인터넷, TV, 게임이 대표적이지만 전화도 문제다. 버트런드 러셀은 이렇게 말했다.

"미국에서는 전화 때문에 읽는 게 불가능하다. 기차를 탔을 때를 제외하고 말이다(It is impossible to read in America, except on a train, because of the telephone)."

지금은 스마트폰 때문에 기차마저도 독서의 안전지대가 아니다. 그렇다고 독서에서 즐거움을 발견할 기회를 포기할 수 없다. 러셀은 이런 말도 했다.

"독서에는 두 가지 동기가 있다. 하나는 책을 즐기는 것이다. 다른 하나는 그 책을 읽었다고 자랑할 수 있다는 것이다(There are two motives for reading a book: one, that you enjoy it; the other, that you can boast about it)."

불행히도 책 읽기는 즐거움 순위에서 한참 밀리기 쉽다.

그 결과를 영국의 비평가 앤서니 버제스John Anthony Burgess Wilson, 1917~1993는 다음과 같이 예측하기도 했다.

"책을 소유하는 게 독서를 대체하게 된다(The possession of a book becomes a substitute for reading it)."

책은 베개가 되기도 하고 수면제가 되기도 한다. 영국의 작가이자 성직자 시드니 스미스Sydney Smith, 1771~1845는 이에 대해 센스 있는 말을 남겼다.

"책보다 더 매력적인 가구는 없다(No furniture is so charming as books)."

책은 가지고 있는 것만으로도 뿌듯하다. 수십 년 동안 방치된 끝에 언젠가는 읽히기도 한다. 그러나 어떤 책을 사는 사람 중 열에 아홉은 그 책을 읽지 않는다. 딴전도 문제지만 책 자체에 문제가 있다. 한두 페이지 읽다 말게 되는 데에는 저자의 잘못도 크다. 미국의 시인이자 소설가, 평론가 에드거 앨런 포Edgar Allan Poe, 1809~1849는 이렇게 탄식했다.

"얼마나 많은 좋은 책들이 비효율적인 서두書頭 때문에 무시당하는가!(How many good books suffer neglect through the inefficiency of their beginnings!)"

첫 몇 페이지만 잘 참아내면 상대적으로 본문은 쉽다. 물론 본문 읽기가 수월하리라는 보장은 없다. 이 또한 작가의 노력에 달렸다.

"노력이 필요 없는 읽을거리는 집필 때 대단한 노력이 들어갔기 때문이다(When something can be read without effort, great effort has gone into its writing)."

스페인 극작가 엔리케 하르디엘 폰셀라Enrique Jardiel Poncela, 1901~1952가 한 말이다.

독자와 필자의 노력이 만나면 견우와 직녀가 만날 때보다 아름답다. 물론 장르에 따라 노력이 필요하지 않은 경우도 있다. 성직자이자 작가였던 찰스 칼렙 콜턴Charles Caleb Colton, 1780~1832 의 다음과 같은 말이 들어맞은 책은 피해야 한다.

"많은 책이 독자들에게 아무런 사고도 요구하지 않는다. 이유는 매우 간단하다. 저자들도 별생각이 없었기 때문이다 (Many books require no thought from those who read them, and for a very simple reason–they made no such demand upon those who wrote them)."

지혜와 경험은 독서의 목적이자 전제 조건이다

노력이 필요한 즐거움이 한 차원 더 높은 즐거움이다. 맛있는 음식을 먹고 즐기는 것은 누구나 할 수 있는 것 같지만, 식도락이나 미식가 수준에 도달하려면 노력이 필요하다. 엔터테인먼트가 주목적인 책에서 누구나 즐거움을 얻을 수 있다. 그러나 애서가愛書家, 독서가讀書家라는 자타의 공인을 받으려면 멀고도 험한 고통의 길을 가야 한다.

가난한 사람은 돈이 없다. 돈을 벌어야 가난에서 벗어난다. 그런데 돈을 벌기 위해서는 돈이 어느 정도 있어야 한다. 독서에도 같은 구조적 난관이 있다. 독서를 하는 이유는 지혜를 쌓고 수준 높은 간접경험을 위한 것인데, 독서 자체가 지혜와 경험을 요구한다.

영국의 작가 존 해링턴John Harington, 1561~1612은 이렇게 말했다.

"책은 지혜가 없는 사람에게 지혜를 주지 않는다. 독서는 지혜가 조금이라도 있는 사람에게 지혜를 더해준다(Books give not wisdom where was non before, But where some is, there reading makes it more)."

에즈라 파운드는 이렇게 말했다.

"깊이 있는 책에 나오는 내용 중에 적어도 일부를 직접 목격하고 체험하지 않고서는 그 누구도 그 책을 이해할 수 없다(No man understands a deep book until he has seen and lived at least part of its contents)."

'빈익빈 부익부貧益貧富益富'를 벗어나는 길은 독서의 세계에서도 마찬가지다. 천 리 길도 한 걸음부터요, 한 푼 두 푼이 모여 억만금이 된다. 일확천금을 꿈꾸기보다는 조금이라도 저축하는 게 살길이다. 쉬운 책부터 시작해 조금씩 어려운 책을 읽는 게 상책이다. 엔터테인먼트를 위한 책과 달리 지혜를 위한 책은 쉬운 책마저도 독서의 고통이 따르지만 말이다.

블레즈 파스칼Blaise Pascal, 1623~1662은 다음과 같이 말했다. 수

준에 맞지 않는 책을 읽을 때 지나친 저속이나 과속의 위험성이 있다.

"너무 빨리 읽거나 너무 느리게 읽으면 아무것도 이해 못한다(When we read too fast or too slowly, we understand nothing)."

행복과 진리는 항상 지적에 있다. 신문에 애서가, 독서가의 길이 있다. 미국의 제3대 대통령이었던 토머스 제퍼슨Thomas Jefferson, 1743~1826은 주장했다.

"아무것도 안 읽는 사람이 신문만 읽는 사람보다 교육 수준이 높다(The man who reads nothing at all is better educated than the man who reads nothing but newspapers)."

그러나 이번만큼은 제퍼슨이 틀렸다. 초등학교 고학년이면 읽을 수 있는 게 신문이요, 전문가들이 알아야 할 새로운 내용이 소개되는 게 신문이니까 말이다.

;
"독서 : 마음 = 운동 : 몸"
독서하려면 '즐거운 딴전'을 피하라.

듣기　　　○　　　　듣는 시늉만 잘해도
　　　　　　　　　　사랑받는 사람이 된다

　　영어 듣기가 안 돼 생기는 고민은 '리스닝listening 문제'다.
'히어링hearing 문제'가 아니다. 리스닝 문제는 소리는 들리는데
그 소리가 뭔 소린지 몰라 생기는 고초다. 그러나 히어링 문제
는 소리 자체가 아예 안 들려 생기는 고난이다.

　　사실 영어는 히어링 문제가 더 크다. 영어를 제외한 다른 언
어는 뜻은 몰라도 소리는 잘 들린다. 그러나 다른 언어보다 영어
는 소리 자체도 잘 안 들린다. 영어에 우리말에는 없는 모음이
많기 때문이다. 영어 단어 실력이 시원찮은 것도 한 이유다. 영
어를 제대로 구사하려면 최소한 1만 단어는 알아야 한다.

　　모국어 언어생활에서도 리스닝은 어렵다. 리스닝의 전 단

계인 히어링부터 힘들기 때문이다. 모국어의 히어링 문제는 들리지 않아서가 아니라 안 듣기 때문에 생기는 문제다. 듣지 않으면 알아들을 수 없다.

최고의 대화술은 바로 듣기다

프랑스 문호 앙드레 지드Andre Gide, 1869~1951는 이렇게 말했다.

"모든 것에 대해 이미 누군가 말했다. 그러나 아무도 듣지 않기 때문에 우리는 계속 뒤로 돌아가 처음부터 다시 시작해야 한다(Everything has been said before, but since nobody listens we have to keep going back and beginning all over again)."

정부가 할 일, 국민이 할 일에 대해선 이미 누군가 말했다. 새로운 정부마다 원점에서 출발하는 이유는 정부는 국민의 말을, 국민은 정부의 말을 안 듣기 때문이다.

듣지 못하는 이유는 말을 듣는 척하며 딴 생각을 하기 때문이다. 대화 중에 남의 말을 듣는 것보다는 내가 할 말이 중요하기 때문이다.

"남의 말을 듣는 게 아니라 자신이 남에게 할 말을 마음속으로 이미 듣고 있는 사람들이 있다(There are people who, instead of listening to what is being said to them, are already listening to what they are going to say themselves)."

프랑스 극작가 알베르 기농Albert Guinon, 1863~1923이 한 말이다.

기농은 '그런 사람들이 있다'라고 했지만, 사실 그런 사람들이 대다수다. 사람은 천성적으로 듣기보다 말하기를 좋아한다. 예외가 있기는 하다. 자신에 대한 인물평을 남이 해주는 경우다. 세상에서 가장 궁금하고 소중한 게 나다.

"어떤 사람에게 그 자신에 대해 말하면 수 시간 동안 경청할 것이다(Talk to a man about himself and he will listen for hours)."

영국 총리 벤저민 디즈레일리Benjamin Disraeli, 1804~1881가 한 말이다.

식물과 동물에게는 본능이 있다. 만물의 영장인 인간은 한 걸음 더 나가야 한다. 본능으로 해결 안 되는 새로운 것을 배워야 한다. 최고의 학습거리는 듣기다.

"듣기는 오감五感 중 하나지만 '귀를 기울여 듣기'는 기예다(Hearing is one of the body's five senses. But listening is an art)."

미국의 칼럼니스트 프랭크 타이거Frank Tyger, 1929~2011가 한 말이다. 경청傾聽은 어렵다. '내 귀가 움직일 정도'로 남의 말을 듣는 것은 힘들다. 프랑스의 모랄리스트 라로슈푸코는 이렇게 말했다.

"열심히 듣고 잘 대답하는 게 대화술에서 도달할 수 있는 최고의 경지다(To listen closely and reply well is the highest perfection we are able to attain in the art of conversation)."

대화를 잘 하는 사람에겐 권력도 재물도 주지 못하는 최상의 기쁨이 있다. 최고 경지에 이르기 위해서는 화자話者에서 청자聽者로 가는 전환이 필요하다. 이 전환은 우선 당위의 문제다. 고대 그리스 철학자 에픽테토스는 이렇게 말했다.

"귀가 두 개, 입은 한 개인 이유는 말하는 것보다 두 배를 더 들으라는 뜻이다(We have two ears and one mouth so that we can listen twice as much as we speak)."

의무의 문제이기도 하다. 독일계 미국 신학자 폴 틸리히 Paul Johannes Tillich, 1886~1965는 이렇게 말했다.

"사랑의 첫 번째 의무는 듣는 것이다(The first duty of love is to listen)."

그 누군가를 사랑한다고 말하면서도 그의 말을 듣지 않는다면, 그 사랑은 순도가 낮은 사랑이다.

말하는 건 손해, 듣는 게 이익이다

잘 듣는 것은 이익의 문제이기도 하다. 하버드 대학교 총장을 지낸 사학자 자레드 스파크스 Jared Sparks, 1789~1866는 이렇게 말했다.

"말한다는 것은 이미 아는 것을 반복하는 것이지만 듣는다는 것은 종종 뭔가를 배우는 것이다(When you talk, you repeat what you already know. When you listen, you often learn something)."

말에는 명령, 소원이 담겼다. 말을 듣는 것은 명령과 소원을 수용하는 것이다. 듣는 척도 안 하지 말고, 듣는 시늉이라도 하라. '조직을 위해 죽으라'는 명령이 떨어져도 죽을 필요는 없다. 시늉만 해도 모든 조직에서 사랑 받는다.

고대 그리스 시인 호메로스Homeros, B.C.800?~B.C.750는 이렇게 말했다.

"신神들은 특히 그들에게 복종하는 사람들의 말을 듣는다 (Whoever obeys the gods, to him they particularly listen)."

'신인합일神人合—'이기에 '사인여천事人如天' 해야 한다. 사인여천의 출발점은 내 주변 사람에게 복종하는 것이요, 복종의 출발점은 그의 말을 잘 듣는 것이다.

"지식은 말하지만 지혜는 듣는다(Knowledge speaks, but wisdom listens)."

미국 음악가 지미 헨드릭스Jimi Hendrix, 1942~1970가 한 말이다. 지혜가 지식보다 위라면, 한 수 위인 사람이 되는 게 좋지 않을까. 그렇게 되려면 용기도 필요하다.

"용기가 있어야 일어나 말할 수 있다. 또한 용기가 있어야 앉아서 들을 수 있다(Courage is what it takes to stand up and speak; Courage is also what it takes to sit down and listen)."

미국 회중교회 목사 칼 허먼 보스Carl Hermann Voss, 1911~1995가 한 말이다.

미국 종교지도자 윌리엄 보엣커William John Henry Boetcker, 1873~1962는 이렇게 말했다.

"사람들이 더 많이 가진 자들로부터 뭔가를 얻어내려고만

하는 게 아니라, 더 많이 아는 자들의 말을 들으려고 한다면 세상은 다른 곳이 될 것이다(What a different world this would be if people would listen to those who know more and not merely try to get something from those who have more)."

잘 듣는 사람에겐 좋은 기억력이라는 선물도 덤으로 따라 붙는다. 그런 의미에서 미국 신학자 트라이언 에드워즈가 한 말을 명심할지어다.

"좋은 기억력의 비결은 주의注意를 기울이는 것이다. 어떤 대상에 대해 관심이 있어야 주의를 기울일 수 있다. 우리 마음에 깊은 인상을 남긴 것은 잊어버리기 힘들다(The secret of a good memory is attention, and attention to a subject depends upon our interest in it. We rarely forget that which has made a deep impression on our minds)."

;

사랑하는 조국, 회사, 식구, 애인의 말을 안 듣는다면
그 사랑은 진짜 사랑이 아니다.
소통은 '잘 말하기' 이전에 '잘 듣기'의 문제이니까.

쓰기　　○　　글쓰기는 설득력 있는
　　　　　　　사람이 되는 비결이다

　　사회가 발전하면 빈부귀천貧富貴賤이나 노동에 대한 관념
이 바뀐다. 예컨대 정신노동자는 육체노동자에게 고마워해야
한다는 인식이 싹튼다. 독일 사학자 하인리히 폰 트라이치케
Heinrich Gotthard von Treitschke, 1834~1896는 이렇게 말했다.

　　"수천 명의 사람들이 글을 쓰고, 그림을 그리고, 공부할 수
있으려면 수백만 명의 사람들이 논밭을 갈고, 쇠를 벼리고, 땅
을 파야 한다(Millions must plough and forge and dig in order that a
few thousand may write and paint and study)."

　　직업에는 귀천이 없으며 모든 직업은 존엄하다는 생각도
퍼져나가기 시작한다. 미국의 교육자면서 개혁가인 부커 워싱

턴Booker Taliaferro Washington, 1856~1915은 다음과 같이 말했다.

"경작耕作이 시작詩作 못지않게 존엄하다는 것을 배우기 전에는 어떤 민족도 융성할 수 없다(No race can prosper till it learns that there is as much dignity in tilling a field as in writing a poem)."

글쓰기 잘 못하면 생각도 잘 못한다

'펜대를 놀리는' 직업이 더 편한 것도, 더 많은 부와 권력을 보장하는 것도 아니다. 그러나 글쓰기에는 고유의 가치가 있다. 우선 글쓰기는 학습의 수단이다.

"읽기 못지않게 쓰기로 배워라(Learn as much by writing as by reading)."

영국의 역사가 존 액턴John Dahlberg Acton, 1834~1902이 한 말이다. 벤저민 디즈레일리는 이를 더 발전시킨다.

"어떤 분야에 대해 정통하게 되는 최상의 방법은 그 분야에 대한 책을 쓰는 것이다(The best way to become acquainted with a subject is to write a book about it)."

진짜 전문가는 많이 읽는 사람이라기보다는 많이 쓰는 사람이다. 저자가 많은 회사가 곧 전문가가 많은 회사다.

생각을 단련하는 것도 글쓰기다. 글쓰기는 생각을 정리할 수 있는 정확한 사람을 만든다.

"독서는 전인적全人的인 사람을, 대화는 준비된 사람을, 글쓰기는 정확한 사람을 만든다(Reading makes a full man, conference a ready man, and writing an exact man)."

프랜시스 베이컨이 한 말이다.

글쓰기와 생각의 관계에 대해 영국 작가 조지 오웰George Orwell, 1903~1950은 다음과 같이 과감한 주장을 펼쳤다.

"글쓰기를 잘 못하는 사람들은 생각도 잘 못한다. 생각을 잘 못하면 남들이 대신 생각해줘야 한다(If people cannot write well, they cannot think well, and if they cannot think well, others will do their thinking for them)."

글쓰기는 효용이 많지만 반대급부로 고통을 요구한다. 휴머니즘의 아버지 프란체스코 페트라르카Francesco Petrarch, 1304~1374 는 이렇게 말했다.

"글쓰기보다 더 가볍고 즐거운 짐은 없다(There is no lighter burden, nor more agreeable, than a pen)."

아무리 상대적으로 가볍고 즐거워도 짐은 짐이다. 미국 소설가 에드나 페버Edna Ferber, 1885~1968는 글쓰기의 고통에 대해 마침표를 찍는 말을 했다.

"아마추어들이나 글쓰기가 즐겁다고 말한다. 작가는 즐거운 직업이 아니다. 글쓰기는 도랑 파기, 산 오르기, 디딜방아 밟기, 애 낳기를 합쳐놓은 것과 같다. …… 그런데도 글쓰기가 즐겁다고? 절대 아니다(Only amateurs say that they write for their own amusement. Writing is not an amusing occupation. It is a combination of ditch-digging, mountain-climbing, treadmill and childbirth …… But amusing? Never)!"

『율리시즈Ulysses』를 쓴 아일랜드 작가 제임스 조이스James Augustine Aloysius Joyce, 1882~1941는 특히 영어로 글을 쓰는 게 최악이라고 주장했다. 그는 이렇게 말했다.

"영어로 글을 쓴다는 것은 전생의 죗값을 치르게 하기 위해 고안된 가장 교묘한 고통이다(Writing in English is the most ingenious torture ever devised for sins committed in previous lives)."

글 잘 쓰는 비결의 1번은 생략하는 것이다

무슨 문제든지 '나만 그런 게 아니라 남들도 그렇다'는 게 위로가 될 때가 있다. 누구에게나 글쓰기는 힘들다. 작가들도 마찬가지다. 독일 소설가 토마스 만Thomas Mann, 1875~1955은 이렇게 말했다.

"작가란 다른 사람들보다 글쓰기가 어려운 사람이다(A writer is a person for whom writing is more difficult than it is for other people)."

어려운 것으로 끝나지 않는다. 미국 수필가 엘윈 브룩스 화이트Elwyn Brooks White, 1899~1985는 이렇게 말했다.

"글쓰기는 힘이 들 뿐만 아니라 건강에도 나쁘다(Writing is hard work and bad for the health)."

하늘이 무너져도 솟아날 구멍이 있듯, 글쓰기의 고통을 줄이는 비법이 있지 않을까. 영국의 소설가 앤서니 트롤럽Anthony Trollope, 1815~1882은 그런 건 없다고 주장했다. 트롤럽은 이렇게 말했다.

"글을 쉽게 잘 쓰는 비결은 없다(There is no way of writing well and also of writing easily)."

그러나 트롤럽과 달리 『보물섬Treasure Island』의 작가로 유명한 로버트 스티븐슨Robert Louis Stevenson, 1850~1894은 글을 잘 쓰는 비결을 한 가지 꼽았다.

"작법作法에는 딱 한 가지가 있다. 생략하는 것이다(There is but one art—to omit)!"

영국 시인 로버트 브라우닝Robert Browning, 1812~1889도 생각이 비슷했다. 그는 이렇게 말했다.

"적은 게 더 많다(Less is more)."

글을 줄이지 못하는 이유가 '욕심' 때문인 경우가 있다. 욕심을 줄이면 글도 줄일 수 있다.

"인간에 대해 쓰려 하지 말고 어떤 사람에 대해 쓰라(Don't write about Man, write about a man)."

엘윈 브룩스 화이트가 한 말이다.

"훌륭한 작가란 기본적으로 이야기꾼이다. 학자라든가 인류를 구원하는 사람이 아닌 것이다(A good writer is basically a story-teller, not a scholar or a redeemer of mankind)."

폴란드 태생 미국 작가인 아이작 싱어Isaac Bashevis Singer, 1904~1991
가 한 말이다.

글쓰기가 일의 일부가 아니라 전부인 작가가 되려면 어떻
게 해야 할까. 규칙적인 글쓰기에 당장 착수하면 된다.

"독서가가 되려면 읽어라. 작가가 되려면 써라(If you would
be a reader, read; if a writer, write)."

에픽테토스가 한 말이다.

"작가가 되려면 매일 아침에 자리 잡고 앉아 글을 써야 한
다. 이렇게 하지 않는 사람들은 아마추어로 남는다(It is by sitting
down to write every morning that one becomes a writer. Those who do
not do this remain amateurs)."

영국 작가 제럴드 브레넌Gerald Brenan, 1894~1987은 전업작가는
일상에서 글을 써야 한다고 강조했다.

;

진짜 전문가는 많이 읽는 사람이 아니라
많이 쓰는 사람이다.

대화가 어려울 땐
말의 원칙만 기억하라

말이 전부다. 말이 시작이요, 끝이다.

"말이 곧 문명이다. 아무리 '말도 안 되는' 말이라도 사
람과 사람을 붙여놓지만 침묵은 사람과 사람을 떼어놓는다
(Speech is civilization itself. The word, even the most contradictory
word, preserves contact—it is silence which isolates)."

독일 소설가 토마스 만이 한 말이다.

하지만 말은 고민의 원흉이다. 결혼은 해도 후회하고 안
해도 후회한다고 한다. 말도 비슷하다. 말을 하면 설화舌禍의 일
격을 당할 수 있고 안 해도 소통의 부재와 같은 부작용이 생긴
다. 말을 좀처럼 하지 않는 과묵한 사람 중에는 자신이 어쩌다

한 말에 대해 후회하는 사람들이 있다. 착한 사람들이다. 세네카가 그런 사람이다. 그는 이렇게 말했다.

"내가 한 말을 곱씹어보면 차라리 말을 못하는 사람들이 부럽다(When I think over what I have said, I envy dumb people)."

말에는 책임이 따른다

말과 결혼이 해도 안 해도 후회할 거라면 차라리 하는 게 좋다. '말은 잘해야 맛이고, 고기는 씹어야 맛'이라고 했던가. 말을 잘하려면 말의 원칙, 방법을 알아야 한다.

'남아일언중천금男兒一言重千金'이라는 말의 원칙에 유념해야 한다. 오늘날은 '여남女男평등사회'이니 '여아일언중천금'이기도 하다. 여자건 남자건 사람은 내뱉은 말에 책임을 져야 한다. 아무런 무게가 없는 말에 천금의 무게가 실려야 한다.

말하는 법에 대해서도 공부해야 한다. 할 말 안 할 말, 남에게 상처 주는 말, 남을 행복하게 하는 말의 종류에 대해 알기 위해서다.

"사랑은 즐거운 말을 먹고 자란다(Pleasant words are the food of love)."

오비디우스의 말처럼 남을 사랑하고 존중하는 마음이 담긴 말은 화자와 청자, 모든 이를 행복하게 한다. 반면 잘못된 화법도 있다. 예컨대 '무슨 무슨 책 읽으셨나요?', '뭐 뭐 알아요?'라는 말은 (사실은 전혀 그렇지 않은데) 자신의 학식이 부족하다고 (잘못) 생각하는 분들에게 상처를 입히는 말이다. 상대방이 어떤 책을 안 읽었고, 또 어떤 정보에 대해 모른다는 전제로 하는 말은 나쁘다. 아무리 중립적으로 별생각 없이 하는 말이라도 "당신은 '가방끈'이 짧아 모를 것 같은데 내 한 수 가르쳐주지"라는 속뜻이 담겼다는 오해를 살 수 있는 것이다.

말의 오해에 대해서는 프랑스의 사상가 미셸 몽테뉴Michel Eyquem de Montaigne, 1533~1592의 말을 곱씹어볼 일이다.

"누구나 진실 되게 말할지 모르지만, 요령 있고 신중하고 '꽉 차게' 말할 수 있는 재주를 가진 사람은 소수다(Every man may speak truly, but to speak methodically, prudently, and fully is a talent that few men have)."

재주는 공부로 습득할 수 있다. 침묵이 미덕인 동양보다 토론 문화가 발달한 서양에서는 말하는 재주에 대한 공부가 맹렬하다. 다수가 말을 잘하는 서구 사회이기에 오히려 말을 잘 못하는 사람들이 고민이 크다. 그래서 『서먹서먹한 침묵을 깨는 완벽한 어구Perfect Phrases for Icebreakers』 같은 화술話術 관련 책들이 인기다. 서양의 말하기 학습열은 말이 상대적으로 서투른 동양이 배울 점이다.

자신감을 갖고 배워야 한다. 태어나면서부터 말 잘하는 사람은 없다. 태어났을 땐 '응애응애'밖에 못한다. 랠프 에머슨이 한 말은 그런 의미에서 위안을 주기도 한다.

"모든 위대한 화자는 처음엔 변변찮은 화자였다(All the great speakers were bad speakers at first)."

서양도 원래는 동양과 마찬가지로 침묵의 가치를 중시하는 문화였다. 이에 관한 영국 속담이 있다.

"남들이 말을 걸 때만 말하라(Speak when you are spoken to)."

이 속담의 원저자는 영국 비평가 겸 역사가 토머스 칼라일Thomas Carlyle, 1795~1881인지도 모른다.

"웅변은 은이요, 침묵은 금이다(Speech is silver, silence is gold)."

고대 그리스의 독재자 디오니시우스Dionysius, B.C.430~B.C.367는 말했다.

"침묵보다 나은 말을 할 자신이 없으면 침묵하라(Let thy speech better than silence, or be silent)."

화술이야말로 마음을 사로잡는 궁극의 기술이다

동양이나 서양이나 언행일치가 말의 원칙이다. 랠프 에머슨은 이렇게 말했다.

"당신의 행동이 내는 소리가 하도 시끄러워 당신이 하는 말이 들리지 않는다(What you do speaks so loudly that I cannot hear what you say)."

속마음을 모두 말로 치환하면 안 된다는 게 말의 원칙이다. 속마음을 다 털어놓으면 친하게 될 수도 있지만 상대방에게 큰 부담을 줄 수도 있다.

"보통 사람들은 말로 속마음을 털어놓지만 현자들은 말로 속마음을 감춘다(Speech was given to the ordinary sort of men, whereby to communicate their mind; but to wise men, whereby to conceal it)."

영국 성공회 주교 로버트 사우스Robert South, 1634~1716가 한 말이다.

청중에게 하고자 하는 말을 충분히 이해시키려면 청중이 경청해야 한다. 경청을 이끌어내는 비책은 유머다.

"사람들을 일단 웃게 만들면 그들은 경청한다. 그러면 그들에게 거의 무슨 말이든 할 수 있다(Once you get people laughing, they're listening and you can tell them almost anything)."

미국 극작가 허버트 가드너Herbert Gardner, 1934~2003가 한 말이다.

딱 하나 더, 말의 원칙을 살핀다면 윈스턴 처칠의 말이 의미심장하다.

"짧은 단어가 최고요, 오래된 말이 최고 중에서도 최고다(The short words are best, and the old words are the best of all)."

이런저런 화술을 배워 상당한 경지에 이르면 신기하고 중대한 변화가 있다.

"나는 내가 하는 말에서 배우는 게 많다(I have learnt a good deal from my own talk)."

캐나다 작가 토머스 챈들러 핼리버턴Thomas Chandler Haliburton,

이 한 말이다. 화술이 곧 지배술이다.

"수사학은 사람들의 마음을 지배하는 기술이다(Rhetoric is the art of ruling the minds of men)."

플라톤_{Plato, B.C.428?~B.C.347?}이 한 말이다. 시인, 개혁가의 길도 말에 달렸다.

"남들은 생각만 할 수 있는 것에 대해 말하는 법을 알면 시인이나 현인賢人이 된다. 남들은 생각으로만 할 수 있는 것을 감히 말하는 자는 순교자나 개혁가, 혹은 순교자이면서 동시에 개혁가인 인물이 된다(To know how to say what others only know how to think is what makes men poets or sages; and to dare to say what others only dare to think makes men martyrs or reformers or both)."

영국 작가 엘리자베스 찰스_{Elizabeth Rundle Charles, 1828~1896}가 한 말이다.

;
해도 안 해도 후회하는 말.
원칙과 방법을 알면 쉽다.
즐거운 말을 먹고 자라는 사랑을 기억하라.

4

소신을 지키는 문장들

흔들린다고 신념을
쉽게 포기하지 마라

지식에 이끌리는 삶은
즐거운 삶이다

　　사회·경영·경제 앞에 '지식'을 붙여야 허전하지 않은 세상이다. '지식이 힘이다 Knowledge is power'라는 말이 부쩍 힘을 받는 시대다. 그러나 지식사회에서도 '모르는 게 약', '식자우환識字憂患'이 사어死語가 될 기미는 없다.

　　지식의 문제점은 동서고금 공통으로 지적된다. 『구약성경』「전도서」1장 18절에서도 전한다.

　　"아는 것이 많을수록 고통도 많다(The more knowledge, the more pain)."

　　'지식의 저주 the curse of knowledge'라는 경영학 개념에 따르면 지식의 불균형이 소통을 어렵게 한다. 노자老子는 이를 이미 예언한 바 있다.

"국민을 다스리기 어려운 이유는 국민이 너무 많이 알기 때문이다(People are difficult to govern because they have too much knowledge)."

지식보다 중요한 것들도 있다. 알베르트 아인슈타인은 말했다.

"상상력이 지식보다 중요하다. 지식은 제한적이다. 상상력은 온 세상을 에워싼다(Imagination is more important than knowledge. Knowledge is limited. Imagination encircles the world)."

상상력이 지식보다 중요하다

지식과 무지의 관계도 간단치 않다. 지식의 우월성에 대해선 이런 말들이 있다.

"사실 두 가지가 있다. 과학과 의견이다. 과학은 지식을 낳고 의견은 무지를 낳는다(There are in fact two things, science and opinion; the former begets knowledge, the latter ignorance)."

히포크라테스Hippocrates, B.C.460?~B.C.377?가 한 말이다. 미국의 언론인 로버트 퀼런Robert Quillen, 1887~1948은 이렇게 말했다.

"토론은 지식의 교환이다. 말싸움은 무지의 교환이다(Discussion is an exchange of knowledge; argument an exchange of ignorance)."

지식이 무지를 항상 이긴다는 보장은 없다. 양적인 차이 때문이다. 칼 포퍼Karl Raimund Popper, 1902~1994는 이와 관련하여 다음과 같이 말했다.

"우리의 지식은 유한할 수밖에 없지만, 우리의 무지는 필연적으로 무한하다(Our knowledge can only be finite, while our ignorance must necessarily be infinite)."

무지는 번식력도 우수하다. 찰스 다윈은 이를 이미 지적했다.

"지식보다는 무지가 자신감이라는 자식을 더 많이 낳는다(Ignorance more frequently begets confidence than does knowledge)."

지식이 힘이지만 힘없는 지식은 공허하다. 고대 그리스 역사가 헤로도토스는 말했다.

"지식은 많으나 아무런 힘이 없는 게 사람들에게 가장 쓰라린 고통이다(This is the bitterest pain among men, to have much knowledge but no power)."

지식은 지혜 앞에만 서면 왜소한 모습이다. 미국의 로비스트 샌드라 케리어Sandra Carey는 이렇게 경고한다.

"절대로 지식을 지혜로 착각하지 말라. 지식은 호구지책糊口之策이요, 지혜는 인생지책人生之策이다(Never mistake knowledge for wisdom. One helps you make a living; the other helps you make a life)."

임마누엘 칸트도 한마디 거들었다.

"과학은 조직화된 지식이다. 지혜는 조직화된 삶이다(Science is organized knowledge. Wisdom is organized life)."

이런 지식의 부작용이나 한계에도 사람들이 지식을 추구

하는 이유가 있다. 아리스토텔레스에 따르면 지식은 본능 같은 것이다.

"모든 사람은 천성적으로 지식을 희구한다(All men by nature desire knowledge)."

지식욕은 인간의 본연적 욕구인 데다가 효용도 많다. 지식 속에 영원한 청춘이 있다. 헨리 포드는 말했다.

"스무 살이건 여든 살이건 배움을 멈추는 사람은 늙은이다. 계속 공부하는 사람은 나이와 상관없이 젊은이다(Anyone who stops learning is old, whether at twenty or eighty. Anyone who keeps learning stays young)."

지식에는 즐거움이 있다. 버트런드 러셀은 말했다.

"쓸모없는 지식에서 큰 쾌락을 얻을 수 있다(There is much pleasure to be gained from useless knowledge)."

지식은 어떻게 얻는가? 경험과 학습이 양대 수단이다. 미국의 비평가이자 수필가인 에드윈 휘플Edwin Percy Whipple, 1819~1886의 말처럼 말이다.

"지식은 종교와 마찬가지로 '경험'해야 알 수 있다(Knowledge, like religion, must be 'experienced' in order to be known)."

정신적인 경험보다 몸을 움직이는 경험이 중요할 수 있다. 조지 버나드 쇼는 말했다.

"활동은 지식으로 가는 유일한 길이다(Activity is the only road to knowledge)."

노동이 필요하다는 아랍 속담도 있다.

"신神은 일하는 자에게 지식을, 위험을 무릅쓰는 자에게 명예를 준다(God sells knowledge for labor, honor for risk)."

지식을 얻는 데에는 학습과 경험 중 어느 쪽이 더 효과적일까? 영국의 저술가 로저 애스컴Roger Ascham, 1515~1568은 이런 결론을 내렸다.

"학습으로 1년 동안 배울 수 있는 게 경험으로 20년 동안 배우는 것보다 더 많다(Learning teaches more in one year than experience in twenty)."

경험과 학습에서 지식을 얻어야 한다

돈 벌기나, 지식 쌓기나 처음이 힘들다. 하지만 궤도에 오르면 오히려 돈 중독, 지식 중독이 문제다. 영국 성공회의 성직자 로렌스 스턴Laurence Sterne, 1713~1768은 이렇게 말했다.

"재물욕과 마찬가지로 지식욕은 지식을 습득할수록 커진다(The desire of knowledge, like the thirst of riches, increases ever with the acquisition of it)."

지식은 실천으로 완성된다. 『생각의 속도로 실행하라 The Knowing-Doing Gap: How Smart Companies Turn Knowledge into Action』라는 책에서 저자인 제프리 페퍼Jeffrey Pfeffer, 1946~와 로버트 서튼Robert I. Sutton, 1954~은 지식만으로 따지면 회사들 간에 평준화가 이뤄졌다고

지적한다. 하지만 회사들 사이에는 엄청난 격차가 있다. 그 차이는 지식을 실행하는 능력에서 드러난다. 간격을 줄이려면 어떻게 해야 할까? 그들이 내놓은 답은 간단하다.

"행동을 통해 알게 되면 아는 것과 행동하는 것 사이에 간격이 없다(If you know by doing, there is no gap between what you know and what you do)."

지식은 어디에서 나올까? 토머스 칼라일의 말은 일리가 있다. 가족 사랑, 회사 사랑, 나라 사랑이 지식의 생산을 촉진할 수 있는 것이다.

"연심戀心은 모든 지식의 원천이다(A loving heart is the beginning of all knowledge).

이렇게 말한 버트런드 러셀도 공감할 것이다.

"사랑이 주는 영감을 받고 지식에 이끌리는 삶이 좋은 삶이다(A good life is one inspired by love and guided by knowledge)."

;

지식은 호구지책糊口之策 ,

지혜는 인생지책人生之策**이다.**

비전 　　○ 　　# 비전이 있는 사람에게는
　　　　　　　　　매 순간이 기회다

　　최고경영자와 같은 리더들에게 비전_{vision} 제시는 임무이자 업무다. 리더십 연구의 창시자 워런 베니스_{Warren Gamaliel Bennis, 1925~2014}는 말했다.

　　"리더십은 비전을 현실로 바꾸는 능력이다(Leadership is the capacity to translate vision into reality)."

　　비전 제시가 직업인 사람들도 있다. 옛날에는 예언자, 오늘날에는 '퓨처리스트_{futurist}'가 대표적이다.

　　비전이란 무엇인가. 표준국어대사전에서 비전은 '내다보이는 장래의 상황'으로 정의된다. 용례로는 '비전이 없다', '비전이 불투명하다', '큰 비전을 세우다'라는 문장들이 나와 있다.

용례에서 비전을 '목표'로 바꿔보자. '목표가 없다', '목표가 불투명하다', '큰 목표를 세우다'가 된다. 뜻이 통한다. 우리의 언어생활에서 비전은 목표와 거의 동의어로 사용되고 있다. 하지만 비전과 목표는 비슷하면서도 다르다. 비전과 목표의 관계는 밀접하다. 상호의존적이다. 비전이 있어야 목표도 보이고, 목표가 보여야 목표도 세울 수 있다. 비전과 목표가 어떻게 비슷하고 또 어떻게 다른지 알아야 비전과 목표를 올바로 세울 수 있다.

영어에서 비전이 어떤 뜻인지 파악하면 비전과 목표의 차이점이 잘 드러난다. 영어에서 비전은 1차적으로 일종의 능력이다. 옥스퍼드영영사전을 보면 비전은 '보는 능력the ability to see', '막강한 상상력과 지력으로 미래에 대해 생각하거나 미래를 계획하는 능력the ability to think about or plan the future with great imagination and intelligence'이다.

영어에서 비전은 능력을 써서 생기는 결과물이기도 하다. 옥스퍼드영영사전에 따르면 비전은 '여러분 상상력 속의 아이디어나 그림an idea or a picture in your imagination'이다.

비전의 비결은 '온고이지신'이다

비전은 '시각적인' 능력이요, 결과물이다. 『걸리버 여행기 Gulliver's Travels』의 저자인 조너선 스위프트Jonathan Swift, 1667~1745는 이렇게 말했다.

"비전은 남들에게 안 보이는 것을 보는 기예다(Vision is the art of seeing what is invisible to others)."

많은 사람들이 봐도 진정으로 보지는 못한다. 비전이 있는 사람은 소수고, 비전이 없는 사람은 다수다. 비전이 있는 소수 중에서 제 구실을 제대로 하는 리더들이 나온다.

비전은 미래를 보는 능력이다. 미래를 마치 지금 눈앞에 펼쳐진 그림처럼 미리 보는 것이다. 내일, 내달, 내년, 10년 후, 100년 후를 미리 보는 것이다. 비전은 현재와 미래를 시각적으로 연결한다.

미래를 본다는 것은 멀리 보는 것이다. 멀리 볼 수 있는, 비전 있는 소수가 되려면 '높은 곳'으로 올라가야 한다. 물리학자 아이작 뉴턴Isaac Newton, 1642~1727은 이렇게 말했다.

"내가 더 멀리 봤다면, 그것은 거인들의 어깨 위에 서 있었기에 가능했다(If I have seen further, it is by standing on the shoulders of giants)."

자신이 속한 분야의 거목들이 과거에 이룩한 성과를 사다리로 삼으라는 말이다. 옛것을 익혀 새것을 아는 '온고이지신溫故而知新'과도 통한다. 비전은 과거와 현재와 미래를 고리처럼 연결한다.

비전이 있는 사람을 '비저너리visionary'라고 부른다. 비저너리는 '꿈꾸는 사람'이다. 흐릿한 꿈이 아니라 생생한 꿈을 꾸는 사람이다. 비전은 생생한 예지몽豫知夢이다.

핵심은 또렷하게 보는 데 있다.

"말하는 수백 명보다 생각하는 한 사람이 낫다. 그러나 생각하는 수천 명보다 볼 수 있는 사람 한 명이 낫다. 명료하게 본다는 것은 시時와 예언과 종교를 한데 합친 것과 같다(Hundreds of people can talk for one who can think, but thousands can think for one who can see. To see clearly is poetry, prophesy, and religion—all in one)."

영국 사회 비평가 존 러스킨John Ruskin, 1819~1900이 한 말이다.

필요 없는 것은 보지 마라

미래를 마치 맑고 투명한 강물처럼 보고 싶다면 두리번거리는 것은 금물이다. 미국 작가 버클리 라이스Berkeley Rice는 이렇게 말했다.

"비저너리가 비저너리인 이유는 부분적으로 그들이 아주 많은 것들을 보지 않기 때문이다(Visionary people are visionary partly because of the very great many things they don't see)."

한눈팔지 않고 본다면 무엇을 봐야 할 것인가? 정치 리더는 국민의 살림살이를 살펴봐야 할 것이요, CEO는 고객과 임직원들을 유심히 봐야 할 것이다. 그들의 니즈needs를 말이다. 카를 구스타프 융은 스스로의 마음을 보라고 말한다. 그는 이렇게 말했다.

"오로지 자신의 마음을 바라볼 때 비전이 선명해진다. 밖을 보는 자는 꿈꾸는 자요, 안을 보는 자는 깨어 있는 자다(Your vision will become clear only when you look into your heart. Who looks outside, dreams. Who looks inside, awakens)."

깨어난 사람은 비전을 시간 속에서 실천한다. 1분 1초, 하루하루가 비전의 순간이다. 미국 작가 헨리 밀러Henry Valentine Miller, 1891~1980는 이렇게 말했다.

"비전이 있는 자에게는 매 순간이 절호의 순간이다(Every moment is a golden one for him who has the vision to recognize it as such)."

산스크리트 속담은 다음과 같이 하루를 중시한다.

"하루하루를 잘 살면 어제는 행복의 꿈이 되고, 내일은 희망의 비전이 된다(Each today, well lived, makes every yesterday a dream of happiness, and every tomorrow a vision of hope)."

비전은 체험이다. 한계가 사라지는 체험이다. 한계가 사라지면 목표도 높게 된다.

"모든 사람은 자신의 시야의 한계를 세상의 한계라고 잘못 생각한다(Every person takes the limits of their own field of vision for the limits of the world)."

독일의 철학자 아르투어 쇼펜하우어Arthur Schopenhauer, 1788~1860가 한 말이다.

"비전 외에 다른 한계는 없다(The only limits are those of vision)."

미국 시인 제임스 브로턴James Broughton, 1913~1999이 한 말이다.

새로운 언어를 배우면 그 언어를 사용하는 문화의 비전도 배우게 된다. 이탈리아 영화감독 페데리코 펠리니Federico Fellini, 1920~1993는 이에 관해 주장했다.

"언어가 다르면 삶의 비전도 다르다(A different language is a different vision of life)."

그 반대도 성립한다. 남다른 비전을 지닌 사람은 남다른 언어를 구사한다.

;
비전은 목표가 아니라
'미래를 보는 능력'이다.

마법   ○   # 마법을 믿지 않는 사람은
마법을 발견할 수 없다

영어 단어 'magic'은 우리말로 마법이나 마술, 주술이다. 근대는 마법이 푸대접 받는 시대였다. 과학과 합리성이 마법을 구석으로 밀어냈다. 프랜시스 베이컨은 이렇게 말했다.

"배움이 없는 사람들은 기예와 자연의 허다한 비밀이 마술 같다고 생각한다(Many secrets of art and nature are thought by the unlearned to be magical)."

독일의 사회과학자 막스 베버Maximilian Carl Emil Weber, 1864~1920는 근대를 표상하는 합리성rationality이 마법을 탈피하는 데서 나왔다는 결론을 내렸다.

과학기술과 마법 사이에 경계는 없다

지금은 탈근대다. 마법은 포스트모던 시대에 화려하게 컴백했다. 우리는 마법과 과학기술이 서로의 경계를 잠식하는 시대에 살고 있다.

"발전할 만큼 발전한 기술은 마법과 구별이 안 된다(Any sufficiently advanced technology is indistinguishable from magic)."

영국 과학소설가 아서 클라크Arthur Charles Clarke, 1917~2008가 한 말이다.

"누군가에게 '마법'은 또 다른 누군가에게는 엔지니어링이다. '초자연적'이라는 말은 의미가 없다(One man's 'magic' is another man's engineering. 'Supernatural' is a null word)."

미국 과학소설가 로버트 하인라인Robert Anson Heinlein, 1907~1988이 한 말이다. 초자연과 자연이 만나는 곳에서는 과학기술과 마법이 조우한다.

과학기술자나 마법사만 마법이라는 분야에서 일하는 게 아니다. 최고경영자를 비롯해 모든 리더는 마법사magician가 돼야 한다. 인생경영이든 기업경영이든 경영에는 마법적 사고가 필요하다. 소비자들은 상품에서 즉시발복卽時發福, 즉시효과가 구현되는 마법을 바라기 때문이다. 소비자는 참을성이 없다. 명품 제품과 마법의 공통점은 즉시성卽時性, spontaneity에 있다. 마법을 바라는 소비자를 만족시키려면 생산자 자신이 마법적으로 사고해야 한다.

마법사인 리더가 하는 일은 세상을 놀라게 하는 것이다. 사람들은 무無에서 유有가 나올 때 놀라기도 하지만 '평범한 유'에서 '신기한 유'가 나올 때 놀라기도 한다.

"마법사는 흔한 것을 놀라운 것으로 만든다(The magician takes the ordinary something and makes it do something extraordinary)."

영국 과학소설가 크리스토퍼 프리스트Christopher Priest, 1943~가 한 말이다.

창의경영보다도 지식경영보다도 중요한 게 마법경영이다. 천재성이 수많은 사람을 먹여 살린다. 천재 중에서도 최고의 천재는 마법사형 천재다. 미국의 수학자 마크 카츠Mark Kac, 1914~1984는 이렇게 말했다.

"과학 분야를 포함해 인간 활동 분야에는 두 종류의 천재가 있다. '보통 천재'와 '마법사 같은 천재'다(In science, as well as in other fields of human endeavor, there are two kinds of geniuses: 'the ordinary' and 'the magicians')."

마법을 정의하고 설명하는 것은 어렵다. 미국 작가 톰 로빈스Tom Robbins, 1932~는 이에 합당한 비유를 했다.

"마법을 말로 설명하는 것은 스크루드라이버로 쇠고기 구이를 자르는 것과 같다(Using words to describe magic is like using a screwdriver to cut roast beef)."

로빈스의 체념과 달리 마법을 그럴듯하게 설명하자면, '마법은 말이다'라고 할 수 있다. 영어 단어 'spell'은 우리말로 주문呪文이나 주술, 마력魔力, 마법이다. 마법을 구사하는 것은 말을 주문呪文처럼 구사하는 것이다.

아무리 훌륭한 리더의 비전도 주문처럼 되지 않으면 공염불이다. '말이 씨가 된다'라고 했다. 말이 씨가 되려면 팔로어follower들이 리더의 주문에 홀린 것처럼 돼야 한다. 마법경영은 신바람경영이다. 신바람 속에는 고통이 없다. 창의나 혁신이나 변화나 모두 고통스러움이 따른다. 마법은 고통을 못 느끼게 한다.

리더는 언어의 마술사가 돼야 한다.

"나는 말이 머금고 있는 마술과 권위를 믿는다(I believe in the magic and authority of words)."

프랑스 시인 르네 샤르René Char, 1907~1988가 한 말이다. 리더의 말은 경청의 대상이 돼야 한다. 영국 만화작가인 닐 게이먼Neil Richard Gaiman, 1960~은 이렇게 말했다.

"마법은 우주가 무시할 수 없는 말로 우주에게 말하는 방법이다(Magic is a method of talking to the universe in words that it cannot ignore)."

배짱과 끈기에 마법 같은 효과가 담기다

마법의 언어는 독서를 통해 배울 수 있다. 미국 작가 스티븐 킹Stephen Edwin King, 1947~은 이렇게 말했다.

"책은 들고 다닐 수 있는 유일한 마법이다(Books are a uniquely portable magic)."

마법의 언어는 실천을 통해 가다듬을 수 있다.

"사랑과 마법에는 공통점이 많다. 둘 다 영혼을 살찌우고 마음을 즐겁게 하며 실습이 필요하다(Love and magic have a great deal in common. They enrich the soul, delight the heart. And they both take practice)."

미국 로맨스소설 작가 노라 로버츠Nora Roberts, 1950~가 한 말이다.

마법의 본질도 즉시성이요, 마법의 실습에 필요한 것도 즉시성이다. 즉시성을 가능하게 하는 것은 과감함이다. 괴테는 이렇게 말했다.

"지금 할 수 있는 것이나 미래에 하면 좋겠다고 꿈꾸는 것을 당장 시작하라. 과감함에 담긴 것은 천재성과 힘과 마법이다(Whatever you can do, or dream you can, begin it. Boldness has genius, power and magic in it)."

마법을 이해하는 게 힘들다면 마법과 비슷한 것을 찾아보는 것도 한 방법이다. 마법의 형제는 배짱이다. 미국의 제6대 대통령 존 퀸시 애덤스John Quincy Adams, 1767~1848는 이렇게 말했다.

"배짱과 끈기에는 마법과 같은 신비한 힘이 있다. 그 어떤 어려움이나 훼방도 눈앞에서 사라지게 하는 게 배짱과 끈기다(Courage and perseverance have a magical talisman, before which difficulties disappear and obstacles vanish into air)."

어쩌면 최고의 마법은 마음을 변화시키는 것이다. 영국의 코믹북 작가 앤디 디글Andy Diggle도 이렇게 말했다.

"사람들은 마법이 현실을 변화시키는 방법이라고 생각하지만, 궁극적으로 여러분을 변화시킨 것은 오로지 여러분 자신이라는 것을 발견할 것이다(People think magic's a way of transforming reality–but in the end, you find that all that you've changed is yourself)."

;
마법의 본질도 즉시성이요,
마법의 실습에 필요한 것도 즉시성이다.
즉시성을 가능하게 하는 것은 과감함이다.

가정   ○

위대한 사람도 실패하고 미천한 사람도 성공하는 세계가 가정이다

가정이란 무엇인가?

아리스토텔레스의 정의를 보자.

"가정은 사람에게 일상적으로 필요한 것들을 공급하기 위해 자연이 설립한 조직이다(The family is the association established by nature for the supply of man's everyday wants)."

지나치게 기능에 치중한 정의다. 남아프리카공화국 성공회 성직자로 노벨평화상을 수상한 데즈먼드 투투Desmond Tutu, 1931~ 전 주교에 따르면 가정은 공급이나 수요와는 좀 떨어져 있다. 그는 이렇게 말했다.

"가정을 선택하는 사람은 없다. 가정은 신神이 주는 선물이다(You don't choose your family. They are God's gift to you, as you are to them)."

가정은 우리의 시작과 끝이다

받아서 좋은 선물, 받아서 난감한 선물이 있는 것처럼 가정도 마찬가지다. 가정이 좋은 선물일 때 우리는 뭐든지 성취할 수 있다. '가화만사성家和萬事成'이다. 가정생활에 만족하면 세상의 다른 관계와 조직들도 긍정적으로 보게 된다. 가정은 확장성이 뛰어나다. 가정에 대한 사랑은 친구와 동료 사랑을 거쳐 나라 사랑, 온 인류에 대한 사랑으로 확산된다.

미국 배우 제니퍼 애니스톤Jennifer Joanna Aniston, 1969~은 강조한다.

"친구들은 우리가 선택하는 가정이다(Friends are the family we choose)."

『크리스마스 캐럴A Christmas Carol』의 작가 찰스 디킨스Charles John Huffam Dickens, 1812~1870 또한 가정의 중요성을 말했다.

"가정을 향한 사랑에서 나라 사랑이 일어난다(In love of home, the love of country has its rise)."

가정은 알파요, 오메가다. 미국 작가 앤서니 브랜트Anthony Brandt에 따르면 우리는 가정과 더불어 변화를 시작하고 변화를 완성한다.

"다른 것들도 우리를 바꿀 수 있지만 가정은 우리의 시작과 끝이다(Other things may change us, but we start and end with the family)."

가정이 나쁜 선물인 경우도 있다. 영국 시인 알렉산더 포프Alexander Pope, 1688~1744는 주장했다.

"가정은 공동의 이해가 있는 악당들의 모임에 불과한 경우가 많다(A family is but too often a commonwealth of malignants)."

사돈집과 화장실은 먼 게 좋다고 했지만, 자기 가족들이 먼 게 편한 사람들도 있다. 미국의 코미디언 조지 번스George Burns, 1896~1996는 이렇게 말했다.

"행복이란 다른 도시에 서로 사랑하고 돌보는 끈끈한 대가족을 두는 것이다(Happiness is having a large, loving, caring, close-knit family in another city)."

가족으로 살아가는 것은 어렵다.

"가정을 다스리는 것은 온 왕국을 다스리는 것보다 근심이 덜하지 않다(There is little less trouble in governing a private family than a whole kingdom)."

프랑스 사상가 몽테뉴가 한 말이다.

찰스 디킨스는 다음과 같은 말로 모든 가정의 내재된 불완전성을 경계하고 있다.

"사고는 가장 질서정연한 가정에서도 발생한다(Accidents will occur in the best regulated families)."

곰곰이 생각해보면 나쁜 선물이라는 것은 없다. 나쁜 가정도 없다. 노력하기 나름이다. 누구에게나 행복한 가정생활을 할 수 있는 기회가 열려 있다. 가정의 행복에는 빈부귀천이 없다.

"가정생활이라는 어둡고 어려운 세계에서는 가장 위대한 자도 실패할 수 있고, 가장 미천한 자도 성공할 수 있다(The dark and uneasy world of family life—where the greatest can fail and the humblest succeed)."

미국 작가 랜덜 자렐Randall Jarrell, 1914~1965이 한 말이다.

가족끼리도 '말은 해야 맛'이다

가족 관계에 성공하는 비결 중 하나는 '내가 틀렸을 가능성'을 열어놓는 것이다. 미국 작가 아이작 로젠펠드Isaac Rosenfeld, 1918~1956는 이를 잘 파악했던 것 같다.

"모든 부모 자식 사이의 싸움에서 양쪽 다 옳을 수는 없다. 보통 양쪽 다 잘못됐다(In every dispute between parent and child, both cannot be right, but they may be, and usually are, both wrong)."

다른 비결을 속으로만 생각하지 말고 말을 해야 하는 것이다. 미국 시인 로버트 프로스트Robert Lee Frost, 1874~1963의 말처럼 말이다.

"의도하지 않은 힌트를 받아들이고 의도한 힌트를 놓칠 때 가정은 분열한다(Families break up when people take hints you don't intend and miss hints you do intend)."

전 세계적으로 가정생활이 도전받고 있다. 멀지 않은 옛날엔 부자나 가난한 자나 누구나 가정이 있었다. 21세기엔 경제적 여유가 있어야 가정이 있다.

"가정이 상품이라면 가정은 필수품이 아니라 최고의 사치품이다(A family, although not a necessity, is the ultimate luxury)."

시대상을 반영하듯 미국 배우 에릭 파이오Eric Pio가 한 말이다.

"가정이 있는 기혼 남성은 돈을 위해 무슨 일이든 한다(A married man with a family will do anything for money)."

프랑스의 주교이자 정치가였던 샤를 모리스 드 탈레랑Charles Maurice de Talleyrand, 1754~1838의 말이 공감을 자아낸다. 요즘에는 혼자 살기도 버겁다.

자신의 뿌리에 대한 무관심, 개인주의도 가정 위기의 배경이 된다. 에이브러햄 링컨도 이런 말을 했다.

"나는 내 할아버지가 어떤 사람이었는지 모른다. 나는 그의 손자가 어떤 사람이 될 것인지에 대해 관심이 더 크다(I don't know who my grandfather was; I am much more concerned to know what his grandson will be)."

가정이 없는 세상은 공허하다. 돈과 권력에 따른 신분만 남게 될지 모른다. 16~17세기 사람인 『돈키호테Don Quixote』의 작가 미켈 데 세르반테스Miguel de Cervantes Saavedra, 1547~1616는 이런 말을 했다.

"세상에는 '가진 자'와 '갖지 못한 자'라는 단 두 가정만 있을 뿐이다(There are only two families in the world, the Haves and Have-Nots)."

21세기인 오늘날에는 세르반테스의 말이 더 위협적이다.

;

가정은 자연이 설립한 조직이요,
신의 선물이다.

5

내공을 다지는 문장들

나를 지키려면
비굴해지지 마라

운명 ○ 　　　지혜의 친구는
　　　　　　　　　　행운이 아니라 불행이다

운명에 대해 가르쳐주는 곳은 드물다.

"교육이 실패하는 주된 이유는 사람들이 운명을 이해할 수 있도록 준비시키지 않는다는 데 있다(The main failure of education is that it has not prepared people to comprehend matters concerning human destiny)."

미국의 작가, 평화운동가 노먼 커즌스Norman Cousins, 1912~1990가 한 말이다.

운명에 대해서도 '있다, 없다', '알 수 없다', '상관없다'와 같이 다양한 의견이 있다. 벤저민 디즈레일리는 운명을 다음과 같이 정의했다.

"우리는 스스로 만든 행불행幸不幸을 운명이라 부른다(We make our fortunes and call them fate)."

랠프 에머슨도 운명을 단순화하려고 한다.

"운명은 과거에 우리가 한 일에 불과하다(Fate is nothing but the deeds committed in a prior state of existence)."

헤라클레이토스의 말도 일리가 있다.

"성격이 운명이다(A man's character is his fate)."

영원한 불행이나 행운은 없다

운명이 있건 없건 운명이 아닌 것을 운명으로 착각하는 일은 없어야 한다.

"많은 사람들이 나쁜 경영과 운명을 혼동한다(Lots of folks confuse bad management with destiny)."

미국의 유머리스트이자 언론인 킨 허버드Kin Hubbard, 1868~1930 가 한 말이다.

업業이나 섭리providence의 체험 여부에 따라 사람들의 우주관과 인생관이 다르다. 운명도 체험의 문제다. 선인들의 운명 체험기를 들어보자. 키케로가 정의하는 운명이다.

"인생을 지배하는 것은 운명이지 지혜가 아니다(Man's life is ruled by fortune, not by wisdom)."

운명은 생사를 결정한다.

"목을 매 죽을 운명으로 태어난 사람이 물에 빠져 죽을 일은 없다(He that is born to be hanged shall never be drowned)."

프랑스 속담이다.

프랜시스 베이컨은 운명을 볼 수 있다고 주장했다. 그는 이렇게 말했다.

"날카롭고 골똘한 시선으로 쳐다보면 운명이 보인다. 운명은 볼 수 없지만 우리는 운명을 볼 수 있다(If a man looks sharply and attentively, he shall see Fortune; for though she is blind, she is not invisible)."

운명이 보인다고 그 정체 또한 알 수 있는 것은 아니다. 돈에 대한 만족할 만한 이론이 없는 것과 마찬가지다. 세네카는 다음과 같이 결론을 내렸다.

"운명이 인간사를 어떻게 주관하는지 알아채게 해주는 규칙은 없다(Fate rules the affairs of mankind with no recognizable order)."

운명은 왔다 갔다 한다. 행운을 줬다가 금세 거둬 가기도 한다. 불행 속에 행운을 담아주기도 한다. 종잡을 수 없는 운명에도 확실한 게 있다. 그 첫째는 '영원한 불행이나 행운은 없다'이다.

"누구도 행운을 멈추게 해 끝없이 오래가게 할 수 없다(None can hold fortune still and make it last)."

고대 그리스의 비극 시인 에우리피데스Euripides, B.C.484?~B.

가 한 말이다.

행운은 사람을 착각하게 만들어 바보로 만든다. 라로슈푸 코는 이렇게 말했다.

"운이 따르는 사람은 생활방식을 바꾸는 법이 없다. 나쁜 습관에도 불구하고 화를 입지 않는 것은 행운 덕분인데 자신이 잘하고 있다고 착각하기 때문이다(Fortunate persons hardly ever amend their ways: they always imagine that they are in the right when fortune upholds their bad conduct)."

운 고마운 줄 모르고 자기가 잘난 줄 알면 바보가 된다.

"운명은 자신이 지나치게 편애하는 자를 바보로 만든다 (Fortune makes a fool of him whom she favors too much)."

고대 로마의 격언가인 퍼블릴리어스 사이러스Publilius Syrus, B.C.1~?가 한 말이다.

"행운은 절대 현자賢者를 키우지 않는다(Luck never made a man wise)."

세네카의 말이다. 지혜의 친구는 행운이 아니라 불행이다.

사람이 운명을 만든다

운명의 주인이 되느냐 종이 되느냐도 운명 대처법에 달렸 다. 운명에 맞서지 않는 게 오히려 나을 수 있다.

"무슨 일이 일어나더라도 운명을 받아들이면 우리는 운

명의 주인이 된다(Whatever may happen, we master fortune by accepting it)."

고대 로마 시인 퍼블리우스 베르길리우스Publius Maro Vergilius, B.C.70~B.C.19가 한 말이다.

"운명은 건강처럼 다루면 된다. 좋을 때는 즐기고 나쁠 때는 참고, 꼭 그래야 할 필요성이 없으면 극단적인 치료법을 절대 적용하지 않으면 된다(We should manage our fortunes as we do our health-enjoy it when good, be patient when it is bad, and never apply violent remedies except in an extreme necessity)."

라로슈푸코가 한 말이다.

운과 무관하게 사람의 할 일은 정해져 있다. 용기 있게 나서야 한다. 네덜란드의 인문주의자 데시데리위스 에라스뮈스 Desiderius Erasmus, 1466~1536는 이렇게 말했다.

"운명은 과감한 자의 편을 든다(Fortune favors the audacious)."

운명은 과감함만 따지는 게 아니라 목표와 비전도 따진다. 몽테뉴는 이렇게 말했다.

"종착할 항구가 없는 사람은 그 어떤 바람도 도와줄 수 없다(No wind favors him who has not destined port)."

과감함과 목표와 비전은 근검勤儉으로 완성된다. 영국의 박물학자이자 식물학자인 존 레이John Ray, 1627~1705는 이렇게 말했다.

"행운의 오른팔은 근면, 왼팔은 절약이다(Industry is fortune's right hand and frugality her left)."

『돈키호테』의 작가 세르반테스도 한마디 거들었다.

"행운의 어머니는 부지런함이다(Diligence is the mother of good fortune)."

사람이 운명을 만든다. 자신의 권한을 알고 권한 내에서 할 일을 하는 게 출발점이다.

"우리는 운명의 틀을 선택할 권한은 없지만 그 틀에 넣을 것은 우리가 정하는 것이다(We are not permitted to choose the frame of our destiny. But what we put into it is ours)."

유엔 제2대 사무총장 다그 함마르시욀드Dag Hammarskjold, 1905~1961가 한 말이다.

알베르 카뮈는 이렇게 말했다.

"정치와 인간의 운명에 형체를 부여하는 것은 이상이나 위대함이 없는 사람들이다(Politics, and the fate of man, are shaped by men without ideals and without greatness)."

운명을 바꿀 수 있다는 점에서 모든 인간은 위대하다.

;

**운이 좋을 때 '나 잘났다'고 착각하면
운이 사라질 때 속수무책일 수밖에 없다.**

분노 ○ 　　내일로 미뤄야 할
　　　　　　　　유일한 것이 있다면
　　　　　　　　그것은 분노다

분노는 강하다.

"분노는 회상만 해도 점화된다(The bare recollection of anger kindles anger)."

기원전 1세기에 활동한 시리아 노예 출신의 라틴어 작가 퍼블릴리어스 사이러스가 한 말이다. 그런데 주사酒邪에 대해 관대한 사회와 그렇지 않은 사회가 있듯, 문화에 따라 분노의 표출에 대해 너그럽기도 하고 그렇지 않기도 하다.

영·미·호주권 문화는 분노에 대해 부정적이다. 화를 낸다는 것은 지는 것, 인품이 뭔가 모자란 것이라는 인식이 강하다.

"여러분을 화나게 하는 사람은 여러분을 정복한다(He who

angers you conquers you)."

호주의 간호사이자 선구적인 물리치료사였던 엘리자베스 케니Elizabeth Kenny, 1880~1952가 한 말이다. 화를 내는 것만으로 이미 진 것이다.

"옹졸하고 악의가 있는 마음은 분노와 복수심으로 가득해 원수를 용서하는 기쁨을 느낄 능력이 없다(Little, vicious minds abound with anger and revenge, and are incapable of feeling the pleasure of forgiving their enemies)."

영국 작가 체스터필드가 한 말이다.

많은 미국인들이 자신의 분노를 어쩌지 못해 고민한다. 그들을 위해 미국 심리학회APA는 분노의 긍정적인 면을 강조했다.

"분노는 전적으로 정상적이며, 보통의 경우에는 건강한 인간 감정이다(Anger is a completely normal, usually healthy, human emotion)."

분노는 개인의 장점을 드러내는 사회 정의의 원천이다

분노도 잘만 쓰면 개인과 나라 발전의 밑거름이다. 랠프 에머슨의 관찰에 따르면 분노를 동원mobilize하면 세상을 개선할 수 있다.

"좋은 분노는 어떤 사람의 모든 능력을 드러낸다(A good indignation brings out all one's powers)."

회의와 분노 총량이 적당히 많은 게 좋다.

"세상에는 분노가 필요하다. 세상이 계속 악을 빈번하게 허용하는 이유는 세상이 충분히 분노하고 있지 않기 때문이다(The world needs anger. The world often continues to allow evil because it isn't angry enough)."

영국 도미니코수도회 신부 비드 자렛Bede Jarrett, 1881~1934도 분노의 긍정적 발산에 관해 언급했다.

문제는 통제다. 영국의 역사가 트리벨리언George Macaulay Trevelyan, 1876~1962은 분노의 역효과를 걱정했다.

"분노는 순간적으로 정신이 나가는 것이기 때문에 분노를 통제하지 않으면 분노가 여러분을 통제한다(Anger is a momentary madness, so control your passion or it will control you)."

분노 통제에 실패하면 스스로를 해치게 된다. 알렉산더 포프의 마침맞은 표현이 있다.

"화를 내는 것은 남의 잘못에 대한 보복을 우리 스스로에게 하는 것이다(To be angry is to revenge the fault of others upon ourselves)."

벤저민 프랭클린도 분노의 문제에 대해 말했다.

"분노로 시작한 것은 부끄러움으로 끝나기 마련이다(Whatever is begun in anger ends in shame)."

그래서 피타고라스Pythagoras, B.C.580?~B.C.500?는 이를 권고했다.

"화가 났을 때는 말과 행동 모두를 삼가야 한다(In anger we

should refrain both from speech and action)."

누구나 화를 내지만 아무나 화를 낼 수 있는 것은 아니다. 약자는 마음대로 화도 못 내는 게 현실이다. 그래서 다음 독일 속담은 기억할 만하다.

"힘이 받쳐주지 않는 분노는 어리석은 짓이다(Anger without power is folly)."

프랑스 소설가 알퐁스 도데Alphonse Daudet, 1840~1897는 한층 더 비약하여 표현한다.

"증오는 약자의 분노다(Hatred is the anger of the weak)."

어떻게 할 것인가? 존 F. 케네디의 아버지이자 미국 정치가였던 로버트 케네디Robert Francis Kennedy, 1925~1968는 세련된 방법을 말했다.

"화내지 말고 보복하라(Don't get mad, get even)."

'눈에는 눈'의 복수 방식은 바람직하지 않다. 잊는 것, 용서하는 것, 잘 사는 게 복수다. 떵떵거리고 살려면 장기전에 돌입해야 한다. 그러려면 당장의 분노는 진화해야 한다.

일은 오늘 당장 하더라도 분노는 내일로 미루라

"화가 나면 넷까지 세고, 아주 화가 나면 욕을 하라(When angry, count four; when very angry, swear)."

마크 트웨인의 분노 퇴치법이다. 세네카도 이에 동조하는 표현을 했다.

"최고의 분노 치료법은 분노를 늦추는 것이다(The greatest remedy for anger is delay)."

다음 체코 속담도 현명하게 들린다.

"내일로 미뤄야 할 유일한 것은 분노다(Anger is the only thing to put off until tomorrow)."

분노는 에너지다. 미국 기업인 리 아이아코카Lee Iacocca, 1924~2019는 이렇게 말했다.

"스트레스나 역경이 심한 때에는 바쁜 게 최고다. 분노와 에너지를 뭔가 긍정적인 것에 투자하는 것이다(In times of great stress or adversity, it's always best to keep busy, to plow your anger and your energy into something positive)."

운전이나 수영과 마찬가지로 사랑, 분노, 용서, 감사와 같은 것들도 배우면 알고 안 배우면 모른다. 헨리 워드 비처Henry Ward Beecher, 1813~1887는 분노의 성숙함에 대해 다음과 같이 주장했다.

"어떻게 화를 내야 되는지 모르는 사람은 어떻게 하는 게 훌륭한 것인지도 모른다(A man that does not know how to be angry does not know how to be good)."

미국의 심리학자 해리엇 러너Harriet Lerner, 1944~의 말처럼 분노는 어떤 표시이긴 하다.

"분노는 주의할 가치가 있는 징후다(Anger is a signal, and one worth listening to)."

조직 내에서 표출되는 분노는 적색경보다. 적색경보는 조직 문화가, 다음 문장을 남긴 고대 그리스의 철학자 소크라테스Socrates, B.C.469~B.C.399의 지혜로부터, 멀어졌다는 증거다.

"너를 화나게 하는 남들의 행동을 남에게 행하지 마라(Do not do to others what angers you if done to you by others)."

물론 조직 내 정보의 유통이 잘못됐을 수도 있다.

"거짓에 대한 분노는 영원하다. 진리에 대한 분노는 지속될 수 없다(Anger at lies lasts forever. Anger at truth can't last)."

만화가 그레그 에반스Greg Evans, 1947~가 한 말이다. 과거 잘못에 대한 정리와 미래를 향한 비전이 없는지도 모른다. 이에 대해 미국의 풍자만화가 제임스 서버James Thurber, 1894~1961는 이렇게 말했다.

"분노로 과거를 보거나 두려움으로 미래를 보지 말고, 깨달음으로 우리 주변을 보자(Let us not look back in anger, or forward in fear, but around us in awareness)."

;
분노는 당연한 감정이다.
관리하면 힘, 못하면 후회할 일이 생기니 주의할지니.

고통   ○

멋진 일만 생겼던 사람은
용기 있는 사람이
될 수 없다

우리 속담 '고래 싸움에 새우 등 터진다'에 해당하는 아프리카 속담이 있다.

"코끼리들이 싸우면 풀밭이 힘들다(When elephants fight, it is the grass who suffers)."

첫 번째 가는 고통의 특성은 보편성이다. 인색한 사람, 후한 사람, 물욕이 큰 사람, 돈에 별 관심이 없는 사람과 같이 사람의 유형은 다양하지만, 사람은 누구나 고통을 느끼며 산다. 아프리카 사람이나 한국 사람이나 고통은 피할 수 없다. 자기 자신 때문이건 남 때문이건, 고통은 영원한 방문객이다. 미국 작가 윌리엄 골드먼William Goldman, 1931~2018은 이렇게 말했다.

"인생은 고통이다. 그렇지 않다고 뭔가 다르게 말하는 사람은 뭔가를 팔려는 사람이다(Life is pain. Anyone who says differently is selling something)."

골드먼의 말에 귀를 기울인다면, 고통 없이 영어를 습득할 수 있는 법이라든가 고통 없이 부자가 되는 법을 약속하는 사람에겐 쉽게 지갑을 열지 말아야 할 것이다.

고통은 '약방의 감초'다. 가장 소중한 가치이자 감정인 사랑과도 짝을 이룬다.

"사랑이 있는 곳에 고통이 있다(Where there is love, there is pain)."

덴마크 속담이다.

"사랑하는 능력이 커질수록 고통을 느끼는 능력도 커진다(The greater your capacity to love, the greater your capacity to feel the pain)."

전 세계적으로 떠들썩할 만큼 사랑과 이별을 경험했던 배우 제니퍼 애니스톤이 한 말이다.

고통 없는 영광은 없다

다행히 보편성 못지않게 두드러진 고통의 특징은 일시성이다. 미국의 사이클 선수 랜스 암스트롱Lance Armstrong, 1971~은 이렇게 말했다.

"고통은 일시적이다. 고통은 1분, 1시간, 1일, 혹은 1년 동안 지속될지 모른다. 그러나 고통은 결국 사라지고 고통이 있었던 자리에 뭔가 다른 것이 들어선다. 하지만 내가 뭔가를 포기하면 고통은 영원하게 된다(Pain is temporary. It may last a minute, or an hour, or a day, or a year, but eventually it will subside and something else will take its place. If I quit, however, it lasts forever)."

포기는 패배를 낳고 패배는 후회를 낳고 후회는 고통을 낳는다.

"인간에게 가장 고통스러운 패배는 '될 수 있었던 나'와 '실제 나' 사이의 격차다(The deepest human defeat suffered by human beings is constituted by the difference between what one was capable of becoming and what one has in fact become)."

미국의 인류학자이자 휴머니스트인 애슐리 몬터규Ashley Montagu, 1905~1999가 한 말이다.

고통에는 많은 효용이 있다. 고통은 영광의 동반자다.

"고통이 없으면 승리도 없다. 고통 없으면 권좌도 없다. 쓴맛을 맛보지 않으면 영광도 없다. 십자가의 고통이 없으면 왕관도 없다(No pain, no palm; no thorns, no throne; no gall, no glory; no cross, no crown)."

영국 퀘이커 지도자이면서 신대륙 개척자이기도 한 윌리엄 펜William Penn, 1644~1718이 한 말이다. 고통은 학습의 필수 요소이기도 하다.

"많이 보고, 많이 고통 받고, 많이 공부하는 게 배움의 3대 기둥이다(Seeing much, suffering much, and studying much, are the three pillars of learning)."

벤저민 디즈레일리가 한 말이다. 몸과 영혼을 긍정적으로 연결하는 것도 고통이다.

"몸을 고통스럽게 하는 것들 중에 영혼에 이익이 되지 않는 것은 없다(There is nothing the body suffers which the soul may not profit by)."

영국의 시인, 소설가인 조지 메러디스_{George Meredith, 1828~1909}의 명언이다.

고통도 사랑하면 소중해진다

이처럼 여러모로 쓸모 있는 고통에 잘 대처하는 법이 몇 가지 나와 있다. 핵심은 마음을 바꾸는 것이다.

"여러분에게 좋은 것을 고통스럽게 생각하지 마라(Do not consider painful what is good for you)."

비극 시인 에우리피데스가 한 말이다. 마음이 적당하게 둔한 것도 좋다. 아리스토텔레스는 이와 비슷하게 주장했다.

"지각知覺이 곧 고통이다(To perceive is to suffer)."

지각이 줄면 고통도 준다. 마음을 초연하게 바꾸면 마음이 둔해진다.

"살면 사는 것이요, 죽으면 죽는 것이요, 고통 받게 되면 고통 받는 것이요, 공포에 질리게 되면 질리게 되는 것이다. 어디 문제가 있으랴(If we live, we live; if we die, we die; if we suffer, we suffer; if we are terrified, we are terrified. There is no problem about it)."

영국 철학자 앨런 와츠Alan Watts, 1915~1973가 한 말이다.

초연해지려면 용기가 필요하다. 뭔가 일을 도모하고자 할 때 반드시 따라붙는 것은 고통, 꼭 필요한 것은 용기다. 고통과 용기는 상승작용을 한다. 용기가 있어야 고통을 이긴다. 고통을 이기면 용기가 더 크게 자라나 더 큰 고통에 이길 수 있게 해준다.

"죽음보다 고통에 더 큰 용기가 필요하다(It requires more courage to suffer than to die)."

나폴레옹이 한 말이다.

"용기는 고통을 먹고 자란다. 멋진 일만 생겼던 사람은 용기 있는 사람이 될 수 없다(Pain nourishes courage. You can't be brave if you've only had wonderful things happen to you)."

미국 배우 메리 타일러 무어Mary Tyler Moore, 1936~2017가 한 말이다.

용기는 실수도 두려워하지 않는다. 미국의 소설가 데니스 웨이틀리Denis Waitley, 1933~ 는 이렇게 말했다.

"실수할 때에는 고통스럽지만, 몇 년이 지나면 우리는 실수를 모아놓은 것을 경험이라 부르게 된다(Mistakes are painful when they happen, but years later a collection of mistakes is what is called experience)."

가장 적극적인 고통 대처법은 고통을 사랑하는 것이다.

"행복해지는 유일한 방법은 고통을 사랑하는 것이다(The only way to be happy is to love to suffer)."

미국의 배우이자 영화감독 우디 앨런Woody Allen, 1935~이 한 말이다. 사랑의 대상은 소중하다. 고통도 사랑하면 소중해진다. 그런 의미에서 에드워드 달버그가 한 말은 더 상징적으로 느껴진다.

"우리는 다른 사람을 대신해서 살거나 고통 받거나 죽을 수 없다. 고통은 남과 나누기에는 너무나 소중하기 때문이다(We cannot live, suffer or die for somebody else, for suffering is too precious to be shared)."

;

고통은 대부분 사라지기 마련이다.
고통을 영원하게 만드는 것은 포기다.

동정심 ○ 동정심은 인간성의
출발점이자 종착지다

인간이라고 다 같은 인간이 아니다. 인간성을 갖춰야 인간이다. 동정심은 인간성의 출발점이다. 이탈리아 작가 조반니 보카치오Giovanni Boccaccio, 1313~1375는 『데카메론Decameron』을 이렇게 시작한다.

"인간다움은 불행한 사람을 동정하는 데 있다(Human it is to have compassion on the unhappy)."

측은지심惻隱之心은 하나의 느낌으로 끝나는 게 아니라 도덕이라는 체제를 구성한다. 아르투르 쇼펜하우어는 말했다.

"동정심은 모든 도덕의 기초다(Compassion is the basis of all morality)."

동정심은 인간성의 시작일 뿐만 아니라 인간성이 완성되는 종착지이기도 하다.

"인간이 도달할 수 있는 최고 형태의 이해는 웃음과 동정심이다(The highest forms of understanding we can achieve are laughter and human compassion)."

미국 물리학자 리처드 파인먼Richard Phillips Feynman, 1918~1988이 한 말이다.

동정심은 정의와 충돌하는 경우도 있다

발전과 확장이라는 개념으로 동정심이라는 여정을 이해할 수 있다.

"인간이 평화를 발견하기 위해서는 동정심의 대상을 모든 살아 있는 것들에게로 확장해야 한다(Until he extends his circle of compassion to include all living things, man will not himself find peace)."

알베르트 슈바이처가 한 말이다.

'모든 살아 있는 것들'이 동정심의 대상이 되어야 할 이유를 미국 작가 토머스 머튼Thomas Merton, 1915~1968은 이렇게 표현했다.

"살아 있는 모든 것들은 서로 의존하는 관계라는 것, 서로가 서로의 일부분이라는 것, 서로 밀접하게 얽혀 있다는 것을 철저히 인식하는 게 동정심의 기초다(The whole idea of compassion is based on a keen awareness of the interdependence of all these living beings, which are all part of one another, and all involved in one another)."

토머스 머튼은 불교, 도교 등 동양 종교에 대한 이해를 바탕으로 자신의 신앙에 깊이를 더한 가톨릭 수사다. 머튼의 말은 3세기부터 대승불교가 발전시킨 '인드라망Indra's net'의 개념과 밀접하다. '인드라의 보석Indra's jewels', '인드라의 진주Indra's pearls'라고도 불리는 '인드라망'은 우주만물이 한 몸, 한 생명이라고 인식하게 하는 개념이다.

인류는 하나라는 인식에서 먼 나라에 사는 가난한 사람들을 돕는 것은 충분히 가능하다. 인간과 자연이 한 몸이라면 육식을 중단하고 생명 파괴 행위를 중단해야 한다. 이 또한 가능하다. 그렇게 실천하는 사람들도 있다. 그러나 인륜과 천륜을 어기는 악행에 대한 처벌 문제는 무한 가속하려는 동정심에 브레이크를 건다. 철저하게 모든 생명을 동정하려면 흉악한 범죄를 저지른 사이코패스도 동정해야 한다. 동정심이 없는 게 특징인 사이코패스를 동정해야 한다는 모순이 발생하는 것이다.

프랑스 극작가 장 아누이Jean Marie Lucien Pierre Anouilh, 1910~1987는 무차별적인 '묻지 마 동정심'의 가능성을 부인했다. 아누이는 이렇게 말했다.

"세상 전체를 위해 울 수는 없다. 인간의 능력 밖이다. 선택해야 한다(One cannot weep for the entire world. It is beyond human strength. One must choose)."

　18세기에 저니어스라는 필명으로 활동한 한 영국인은 이렇게 말했다.

　"지독한 범법자를 동정하는 것은, 사실상 법을 지키며 평화를 사랑하는 국민에 대한 잔혹 행위다(Compassion to an offender who has grossly violated the laws is, in effect, a cruelty to the peaceable subject who has observed them)."

　동정심은 정의와 충돌할 수 있는 것이다. 미국의 보수주의 언론인 러시 림보Rush Limbaugh, 1951~는 이를 확신하는 듯한 말을 했다.

　"동정심으로 정의를 대체할 수 없다(Compassion is no substitute for justice)."

동정심은 너와 나의 행복 비결이다

　동정심도 과유불급이다. 무조건적인 동정심을 제한하는 것이 또 있다. 동정심의 대상인 마음과 입장이다. 동정심은 동정심을 바라는 사람들에게만 주어야 한다. 오스트리아의 소설가이자 극작가인 아르투어 슈니츨러Arthur Schnitzler, 1862~1931는 이렇게 말했다.

　"불행하다는 것은 불운의 반에 불구하다. 비참함을 완성하는 것은 동정심의 대상이 되는 것이다(To be unhappy is only half the misfortune—to be pitied—is misery complete)."

마음에 상처를 남기는 동정심도 있는 것이다.

이러한 극단적인 사례를 빌미로 자신의 동정심을 발전시키는 것을 주저하는 것은 현명하지 않다. 동정심은 지극히 이기적인 이유에서도 중요하다. 티베트 불교 리더 달라이 라마 Dalai-Lama XIV, 1935~는 이렇게 말했다.

"다른 사람이 행복하기를 바란다면 동정심을 발휘하라. 자신이 행복하기를 바란다면 동정심을 발휘하라(If you want others to be happy, practice compassion. If you want to be happy, practice compassion)."

달라이 라마는 이런 말도 했다.

"동정심이 우리 시대의 급진주의다(Compassion is the radicalism of our time)."

급진적인 사회 변화를 꾀하는 것은 주로 이념이었다. 이념의 중요성이 옅어진 지금, 동정심은 이념이나 종교를 초월한 긍정적인 사회 변화의 원동력이라는 것이 달라이 라마의 주장이다.

안전한 사회로 가는 길은 무엇일까? 엄격한 법의 집행도 중요하지만, 동정심으로 충만한 사회가 범죄 없는 사회로 가는 지름길이라는 관점도 있다.

"동정심이 단죄보다 더 많은 죄를 치유한다(Compassion will cure more sins than condemnation)."

헨리 워드 비처Henry Ward Beecher, 1813~1887가 한 말이다.

유대 속담에는 더 강한 표현이 있다.

"동정심을 느끼지 못하는 사람은 미치게 된다(He who feels no compassion will become insane)."

동정심이 강한 사람도 있고 약한 사람도 있다. 동정심이 약한 사람은 어떻게 해야 할까? 미국 작가 어슐러 르 귄Ursula Kroeber Le Guin, 1929~에 따르면 상상력을 발휘하면 된다. 르귄은 이렇게 말했다.

"우리를 지각, 동정심, 희망에 도달하게 하는 것은 그 무엇보다 상상력이다(It is above all by the imagination that we achieve perception, and compassion, and hope)."

르 귄의 말은 상상력이 우리가 미처 지각하지 못하는 것을 지각하게 해주고, 지각하게 되면 동정심을 갖게 되고, 동정심을 발휘하면 우리 희망의 실현이 더 가깝게 된다는 뜻으로 해석할 수 있다.

;
인간성은 동정심에서 시작해
동정심으로 완성된다.
동정심은 동정심을 바라는 사람에게만
성립되는 독특한 감성이다.

6

통찰력을 키우는 문장들

현혹당하지 말고
통찰하라

○   독창성은
들키지 않은 표절이다

만물은 사라진다. 언제나 사라진 자리에는 뭔가 남는 게
있다. 옛말에 이르듯 말이다.

"호랑이는 죽어서 가죽을 남기고, 사람은 죽어서 이름을
남긴다(虎死留皮 人死留名)."

사람은 이름을 남기고 자식을 남기고 창조물을 남긴다.
영국의 과학자, 과학사가 제이콥 브로노프스키Jacob Bronowski,
1908~1974는 이렇게 말했다.

"모든 동물이 자신의 흔적을 남기지만 오로지 인간만이
창조물의 흔적을 남긴다(Every animal leaves traces of what it was;
man alone leaves traces of what he created)."

뭔가를 남기려면 창의성, 그리고 창의성의 유의어類義語이기도 한 독창성, 상상력 같은 게 필요하다. 엘버트 허버드는 말했다.

"사람은 신神과 마찬가지로 그 자신의 모습에 따라 창조한다(Man, like Deity, creates in his own image)."

창조하는 인간은 신성神性에 동참하는 것이다. 하지만 무에서 유를 창조하는 신과 다르게, 인간에게 창의성의 원천은 이미 있는 것이다. 고대 로마 철학자 루크레티우스Titus Lucretius Carus, B.C.94?~B.C.55?도 말하지 않았던가.

"무無에서 창조될 수 있는 것은 없다(Nothing can be created out of nothing)."

창조의 원천은 이미 있는 것들의 조합, 표절, 모방이다

창조의 힘은 이미 있는 것을 조합, 표절, 모방하는 데서 나온다.

"창의력은 겉으로 보기에는 상관없는 것을 연결하는 힘이다(Creativity is the power to connect the seemingly unconnected)."

남아프리카공화국의 작가 윌리엄 플로머William Plomer, 1903~1973가 한 말이다.

"독창성이란 무엇인가? 들키지 않은 표절이다(What is originality? Undetected plagiarism)."

영국의 성공회 신학자 윌리엄 랠프 잉William Ralph Inge, 1860~1954
도 비슷한 말로 한마디 거들었다. 그리고 볼테르가 한 말은 아예 독창성과 모방이 하나의 가지임을 인정해버린다.

"독창성은 분별력 있는 모방에 불과하다(Originality is nothing but judicious imitation)."

표절하고 모방한 것들이 원래의 복잡한 모습으로 눈에 들어오면 아직 창의가 아니다. 오만 가지를 표절하거나 모방해도 창의의 단계를 넘어서면 지극히 단순하게 보인다.

"복잡함의 주인이 되는 게 기술력, 단순함의 주인이 되는 게 창의력이다(Technical skill is mastery of complexity, while creativity is mastery of simplicity)."

영국의 수학자 에릭 지만Erik Christopher Zeeman, 1925~2016이 한 말이다.

이러한 표절과 모방, 창의성의 관계가 문사철文史哲에만 해당할 것 같지만 자연과학도 마찬가지다. 알베르트 아인슈타인은 이를 절묘하게 인정했다.

"창의성의 비결은 출처를 감추는 법을 아는 데 있다(The secret to creativity is knowing how to hide your sources)."

있는 것과 없는 것을 연결하는 것은 생각이다.

"연구는 모든 다른 사람이 본 것을 보고, 아무도 생각하지 않은 것을 생각하는 것이다(Research is to see what everybody else has seen, and to think what nobody else has thought)."

헝가리 태생의 생화학자 알베르트 센트죄르지_{Albert Szent-Gyorgyi, 1893~1986}가 한 말이다. 창의는 누구나 보고 있는 것을 지나치지 않고 생각으로 가공하는 데서 출발한다.

창의적인 사람이 되길 바란다면 충분히 놀아라

골똘하게 생각하는 것도 중요하지만 아무런 생각도 하지 않는 것 역시 중요하다. 미국의 과학소설가 레이 브래드버리_{Ray Douglas Bradbury, 1920~2012}는 이렇게 말했다.

"생각하지 마라! 생각은 창의성의 적이다. 생각을 하면 자아를 의식하게 된다. 자아를 의식하게 되면 품질이 떨어진다. 일은 의식적인 노력으로 하는 게 아니라 그저 어쩔 수 없는 힘에 이끌려 하게 되는 것이다(Don't think! Thinking is the enemy of creativity. It's self-conscious, and anything self-conscious is lousy. You can't try to do things; you simply must do them)."

무념無念, 유념留念도 창조의 길이지만 반쯤 생각하고 반쯤 생각하지 않는 제3의 길도 있다. 한 발은 생각의 문지방을 넘고, 다른 한 발은 넘지 않게 하라. '유레카_{Eureka}'의 순간은 목욕을 하다가도 들이닥치고 볼일을 보다가도 찾아온다.

"책을 구상하는 데 가장 좋은 때는 설거지할 때다(The best time for planning a book is while you're doing the dishes)."

추리소설 작품을 40억 권 판 애거사 크리스티_{Agatha Christie,}

1890~1976가 한 말이다.

창의성과 생각의 관계와 마찬가지로 창의성과 교육의 관계도 사람을 헷갈리게 한다.

"창의적인 마인드를 가진 사람은 아무리 나쁜 트레이닝을 받아도 창의성을 발휘하기 마련이다(Creative minds have always been known to survive any kind of bad training)."

영국 아동정신분석의 창시자이자 지그문트 프로이트Sigmund Freud, 1856~1939의 막내딸이기도 한 안나 프로이트Anna Freud, 1895~1982가 한 말이다. 흔히 잘못된 교육 탓을 많이 하지만, 창의적인 마음은 교육과 독립적이라는 것이다.

프랑스 작가 조지프 주베르의 생각은 프로이트의 주장과 충돌한다. 주베르는 이렇게 말했다.

"배움이 없는 상상력은 발은 없고 날개만 있는 것이다(He who has imagination without learning has wings but no feet)."

헷갈리는 게 또 있다. 창조를 잘하려면 일하는 것과 부지런한 것, 준비하는 것도 중요하지만, 게으름을 피우는 것과 노는 것도 중요하다.

"창의성은 부지런함의 부산물이다(Creativity is a by-product of hard work)."

미국 방송 작가 앤드루 루니Andrew Aitken Roone, 1919~2011가 한 말이다. 창의는 준비다.

"세 시간 동안 쓰려면 스무 시간 준비해야 한다(Three hours

of writing require twenty hours of preparation)."

『에덴의 동쪽East of Eden』으로 유명한 미국 작가 존 스타인벡John Ernst Steinbeck, 1902~1968이 한 말이다. 영국 작가 존 클리즈John Cleese, 1939~의 말도 이와 같다.

"창의적인 직원을 바란다면 그들에게 충분히 놀 시간을 줘야 한다(If you want creative workers, give them enough time to play)."

창조와 비평, 비판의 관계는 어떠한가. 영국의 역사가 토머스 매컬리Thomas Babington Macaulay, 1800~1859는 이런 관찰을 했다.

"가장 높은 완성도의 창의력과 비판력은 함께 구비할 수는 없는 것으로 보인다(It seems that the creative faculty and the critical faculty cannot exist together in their highest perfection)."

최상의 창의와 비평 능력은 한 사람 안에서 공존하지 않는다는 이야기다. 모든 이에게 모든 것을 요구할 수는 없다.

;
호랑이는 가죽, 사람은 창의성과 성과를 남긴다.
창조하는 생각법은 세 가지가 있다.
①무념, ②유념, ③반쯤 생각하고 반쯤 생각 안 하기.

열정　　　○　　　열정은
　　　　　　　　　　　좋은 하인이지만
　　　　　　　　　　　나쁜 주인과도 같다

　　머리가 찬 사람은 있어도 가슴이 찬 사람은 없다. 이성은 차갑고 감정은 뜨겁다. 인간은 누구나 적어도 한때 뭔가를 아낌없이 사랑한다. 지금도 어떤 분야의 열혈 '마니아mania'일 가능성이 크다. 사실주의 소설가로 유명한 오노레 드 발자크Honore de Balzac, 1799~1850는 이렇게 말했다.

　　"열정이 인성人性의 전부다. 열정이 없다면 종교, 역사, 소설, 예술이 제구실을 못할 것이다(All humanity is passion; without passion, religion, history, novels, art would be ineffectual)."

　　독일 철학자 게오르크 헤겔Georg Wilhelm Friedrich Hegel, 1770~1831도 열정의 중요성을 토해냈다.

"세상 속 위대한 것 중에 열정 없이 이룩된 것은 없다
(Nothing great in the world has been accomplished without passion)."

열정은 개인이나 조직을 탁월하게 만드는 원동력이다. 열
정은 조직원들이 목표를 향해 쉼 없이 달려가도록 자극하고 설
득한다.

"열정이 없는 사람은 행동의 원칙도 행동하려는 동기도
없다(Every man without passions has within him no principle of action,
nor motive to act)."

프랑스 철학자 클로드 엘베시우스Claude Adrien Helvétius, 1715~1771
가 한 말이다.

"열정은 매번 설득에 성공하는 유일한 웅변가다(The passions
are the only orators which always persuade)."

라로슈푸코가 한 말이다.

한 시대를 마감하고 그다음 시대로 도약하는 데 필요한
것 중 하나는 구시대의 편견을 없애는 것이다. 편견은 불충분
한 지식 때문에 갖게 되는 편향된 의견이다. 프랑스의 철학자
드니 디드로Denis Diderot, 1713~1784는 열정이 편견을 없애는 데 최고
라고 주장했다. 그는 이렇게 말했다.

"열정이 철학보다 더 많은 편견을 없앤다(Passions destroy
more prejudices than philosophy does)."

반신반의半信半疑하는 사람들의 의심을 말끔히 거둬내는 것
도 화롯불 같은 체험이다.

"눈으로 보면 믿게 되지만, 가슴으로 느끼면 그게 곧 진리다(Seeing's believing, but feeling's the truth)."

영국의 역사가 토머스 풀러Thomas Fuller, 1608~1661가 한 말이다. 신앙이 진리의 불이 돼 타오르면 무서울 게 없다.

열정, 이성의 양극단 함정에서 피해야 한다

옥이나 학문은 절차탁마切磋琢磨가 필요하고, 열정은 제어가 필요하다.

"열정은 불이나 물과 같다. 열정은 좋은 하인이지만 나쁜 주인이다(It is with our passions as it is with fire and water—they are good servants, but bad masters)."

영국 작가 로저 레스트레인지Roger Lestrange, 1616~1704가 한 말이다.

열정은 일 잘하는 머슴이라기보다는 군림하는 폭군이다.

"열정은 다스린다. 그런데 열정은 절대 현명하게 다스리지 않는다(Passion governs, and she never governs wisely)."

벤저민 프랭클린의 말이다. 프랭클린은 또 이렇게 말했다.

"모든 사람으로부터 배우는 자는 현자賢者다. 자신의 열정을 다스리는 자는 권력자다. 만족하는 자는 부자다. 그런 사람은 어디에도 없다(Who is wise? He that learns from everyone. Who is powerful? He that governs his passions. Who is rich? He that is content.

Who is that? Nobody).”

열정 탈출은 지옥 체험이다.

“열정의 지옥을 통과하지 못한 사람은 그 열정을 극복하지 못한 것이다(A man who has not passed through the inferno of his passions has never overcome them).”

카를 구스타프 융이 한 말이다. 열정이라는 감옥에서 탈옥해도 방심하면 또 다른 감옥에 수감된다.

“인간의 가슴속에서는 끊임없이 열정이 태어난다. 한 가지 열정이 사라지면 다른 열정이 자리 잡는다(In the human heart there is a ceaseless birth of passions, so that the destruction of one is almost always the establishment of another).”

라로슈푸코가 한 말이다.

열정을 가장 잘 제어하는 것은 이성이다. 하지만 이성을 무기로 열정에서 빠져나오려다가 그만 반대쪽에 있는 이성이라는 이름의 수렁에 빠지기도 한다.

“열정의 주인인 사람은 이성의 노예다(The man who is master of his passions is Reason’s slave).”

영국 작가 시릴 코널리Cyril Connolly, 1903~1974의 말이다.

사랑의 3분의 1은 열정이다
마음속 열정을 자유자재로 다룰 수 있다면 그것이 극락이요, 천국이다.

"열정이 없는 게 아니라 열정을 정복하는 데 인간의 행복이 달려 있다(The happiness of a man in this life does not consist in the absence but in the mastery of his passions)."

빅토리아 시대 영국의 계관시인 앨프리드 테니슨Alfred Tennyson, 1809~1892이 한 말이다.

사랑을 해부한다면 적어도 3분의 1을 구성하는 게 열정일 것이다.

"사랑이란 열정과 감탄과 존경이다. 둘만 있어도 충분하다. 셋 다 있으면 살아 있을 때도 천국에 있는 것이다(Love is passion, admiration and respect. If you have two, you have enough. If you have all three, you don't have to die to go to heaven)."

미국 작가 윌리엄 와턴William Wharton, 1925~2008이 한 말이다.

;

열정은 새 시대로 나아가는 도약의 엔진이다.
열정 없는 사람은 동기가 없는 사람이다.

인(仁)　　　○　　　인과 사랑은
　　　　　　　　　　　다른 것 같지만
　　　　　　　　　　　결국 같다

　기독교 문화는 사랑love, 유교 문화는 인仁을 중시한다. 다른 것 같으면서 같고, 같은 것 같으면서 다르다. 인은 '남을 사랑하고 어질게 행동하는 일'이다.

　그렇게 보면 인 속에는 사랑이 있고 '어짊'이 있다. '어질다'는 것은 또 무엇인가. '마음이 너그럽고 착하며 슬기롭고 덕행이 높은' 것이다. 인에 해당하는 영어 단어는 무엇인가. 유력한 후보는 'generosity'로 '인정이 있으며 너그럽다being kind and generous'라는 뜻이다. 'generosity'의 아포리즘을 살펴보면 서양 문화에서 인이 어떻게 작용하고 있는지 알 수 있다.

많이 주는 것보다 제때 주는 게 중요하다

인은 무엇인가? 뭔가를 넉넉하게, 후하게 주는 것이다. 『예언자The Prophet』의 작가 칼릴 지브란Khalil Gibran, 1883~1931은 더 간곡하게 주장했다.

"인은 줄 수 있는 만큼보다 더욱 많이 주는 것이다 (Generosity is giving more than you can)."

누구에게 줄 것인가. '오른손이 하는 일을 왼손이 모르게 하라'는 말도 있다. 미국의 작가, 만화가인 프랭크 A. 클라크 Frank A. Clark, 1911~1991에 따르면 주는 것을 '받는 손'까지 몰라야 진정한 인이다. 클라크는 이렇게 말했다.

"진정한 인은 뭔가 좋은 일을, 누가 자신에게 인을 베풀었는지 절대 알아차리지 못할 사람에게 해주는 것이다(Real generosity is doing something nice for someone who will never find it out)."

무엇을 줄 것인가? 내가 너무 많이 갖고 있는 것, 불필요한 것을 줘도 받는 사람은 고마워할 것이다. 그러나 오스카 와일드는 이렇게 말한다.

"사람들은 자신에게도 가장 필요로 하는 것을 주는 것을 매우 좋아한다. 나는 그것을 '인의 깊이'라 부른다(People are very fond of giving away what they need most themselves. It is what I call the depth of generosity)."

어떻게 줄 것인가?

"인은 많이 주는 것보다는 제때에 줘야 하는 것이다(Generosity lies less in giving much than in giving at the right moment)."

프랑스 작가 장 드 라 브뤼예르Jean De La Bruyere, 1645~1696가 한 말이다.

어떤 마음, 기분으로 줄 것인가? 덧셈, 뺄셈이 없는 마음이로다.

"모든 것을 주고서도 항상 아무런 대가도 치르지 않았다고 느끼는 게 진정한 인이라고 생각한다(That's what I consider true generosity. You give your all, and yet you always feel as if it costs you nothing)."

프랑스의 소설가, 평론가인 시몬 드 보부아르Simone de Beauvoir, 1908~1986가 한 말이다.

"조건이 있는 인은 인이 아니라 거래일 뿐이다(Generosity with strings is not generosity; it is a deal)."

미국 작가 마야 마네스Marya Mannes, 1904~1990의 말이다.

"인처럼 보이는 것은 종종 인으로 변장한 야심에 불과하다. 더 큰 이익을 확보하기 위해 작은 이익은 개의치 않는 것 말이다(What seems to be generosity is often no more than disguised ambition, which overlooks a small interest in order to secure a great one)."

라로슈푸코가 한 말이다.

위대한 인물은 '인이 함께하는 계획'을 세운다

사람은 누구나 인을 실천해야 한다.

"인을 실천하지 않고 하루를 보내며 삶의 쾌락을 즐기는 사람은 숨을 쉬고 있는 것이지 살고 있는 것이 아니다(He who allows his day to pass by without practicing generosity and enjoying life's pleasure breathes but does not live)."

산스크리트 속담이다.

사람으로 살아가는 데 인으로만 충분한가? 아니다. 사랑도 준엄함과 결합돼 '준엄한 사랑tough love'이 돼야 하는 경우가 있듯, 인도 홀로서기를 할 수 없다.

"인이 필요한 때와 단호함이 필요한 때를 아는 것이 지혜다(To know when to be generous and when to be firm—this is wisdom)."

엘버트 허버드가 한 말이다. 인은 자비심, 절제심과 같은 형제들과 함께 있어야 외롭지 않다.

"진짜 위대한 인물을 알아보려면 세 가지 특징이 있는지 살펴보면 된다. 인이 있는 계획, 자비심이 있는 실행, 절제가 있는 성공이다(A really great man is known by three signs: generosity in the design, humanity in the execution, moderation in success)."

독일 총리 오토 폰 비스마르크Otto Eduard Leopold von Bismarck, 1815~1898가 한 말이다.

인은 인을 제어할 친구가 없으면 과하게 된다. 토머스 풀

러의 말대로 말이다.

"지나친 인은 인이 아니다(Lavishness is not generosity)."

인에게는 충언을 아끼지 않는 네 친구들이 있다. 그들의 이름은 의·예·지·신義禮智信이다.

이처럼 인의 세계는 복잡하면서도 그 실천이 어렵기 때문에 인은 엘리트나 위대한 인물 등 소수에 속하기 위해 필요한 덕목이기도 하다.

"많은 사람들이 지혜로운 일, 똑똑한 일을 할 수 있으나 인이 있는 일을 할 수 있는 사람은 극소수다(Many men have been capable of doing a wise thing, more a cunning thing, but very few a generous thing)."

알렉산더 포프가 한 말이다.

인은 강한 사람이 되기 위한 덕목일 뿐만 아니라 국제사회에서 초강대국이 되기 위한 최고의 덕목이기도 하다. 미국도 인으로 초강대국이 됐다.

"미국인으로서 나는 인, 자유, 인간의 권리를 믿는다(As an American I believe in generosity, in liberty, in the rights of man)."

아들라이 스티븐슨이 한 말이다. 인의 본산이지만 인을 버리고 사회주의를 택한 중국이 다시 초강대국이 되는 길도 인에 있다.

대한민국이 미국과 중국 중에서 한 나라의 편을 들어야 한다면 인의 정신이 조금이라도 많은 편을 들어야 한다. 영국 작가 안나 제임슨Anna Jameson, 1794~1860은 이렇게 말했다.

"내 모든 세상 경험이 가르쳐준 것은 99퍼센트의 경우에 어떤 편을 들어야 하는 문제에서 안전하고도 정의로운 쪽은 인과 자비가 있는 쪽이라는 것이다(All my experience of the world teaches me that in ninety-nine cases out of a hundred, the safe and just side of a question is the generous and merciful side)."

;

줄 때는 받는 사람도 모르게 하라.
주는 것은 받는 사람의 마음을 뺏는
'숭고한 도둑질'이다.

오늘을 신뢰해야
내일을 잡는다

영화 「죽은 시인의 사회」의 원제는 'Dead Poets Society'다. '죽은 시인의 사회'는 사람들이 시를 읽지 않을 정도로 메말라, 시인들이 '죽은' 삭막한 사회를 연상시키지만 여기서 'Society'는 사회가 아니라 회會나 모임·협회·학회·조합·단체·연구회를 의미한다. '죽은 시인들Dead Poets'은 지난 여러 세기를 빛낸 쟁쟁한 시인들이다.

이 영화 속에는 고대 로마 시인 호라티우스Quintus Horatius Flaccus, B.C.65~B.C.8의 시에 나오는 유명한 아포리즘이 등장한다. '오늘을 잡아라Seize the day'라는 의미를 가진 아포리즘 '카르페 디엠carpe diem'. 이 의미를 더 길게 해석해보면 '오늘을 잡아라. 내일에 대한 그 어떤 신뢰도 하지 마라_{Seize the day, put no trust in tomorrow}'가 된다.

오늘을 잡지 않고는 내일을 잡을 수 없다. 오늘을 잡으려면 오늘을 신뢰해야 한다. 오늘을 신뢰한다는 것은 '오늘의 나'를 신뢰하는 것이다. 랠프 에머슨은 이를 강하게 주장했다.

"자기 신뢰는 성공의 첫째 비결이다(Self-trust is the first secret of success)."

"자기 신뢰는 영웅적 자질의 진수다(Self-trust is the essence of heroism)."

자신의 직감에 대한 신뢰가 창의성의 원천이다

누구나 자신을 신뢰할 만한 근거가 있다. 초대형 베스트셀러인 『아이를 낳고 기르는 엄마가 알아야 할 아이 돌보기 상식Common Sense Book of Baby and Child Care』으로 유명한 미국의 소아과 의사 벤저민 스폭Benjamin Spock, 1903~1998은 이렇게 말했다.

"스스로를 신뢰하라. 여러분은 여러분이 안다고 생각하는 것보다 더 많이 안다(Trust yourself. You know more than you think you do)."

자기 신뢰는 직감에 대한 신뢰를 낳는다.

"직감을 신뢰하라. 직감은 보통 의식 바로 아래 저장된 여러 팩트에서 나오는 것들이다(Trust your hunches. They're usually based on facts filed away just below the conscious level)."

미국의 심리학자 조이스 브라더스Joyce Brothers, 1927~2013가 한 말이다

"창의성은 신뢰에서 나온다. 직감을 신뢰하라(Creativity comes from trust. Trust your instincts)."

미국 작가 리타 메이 브라운Rita Mae Brown, 1944~의 말이다.

사랑하고 사랑받는 것만큼 신뢰하고 신뢰받는 것도 중요하다. 스코틀랜드 시인 조지 맥도널드George MacDonald, 1824~1905는 이렇게 말했다.

"사랑보다 신뢰의 대상이 되는 게 더 큰 영광이다(To be trusted is a greater compliment than to be loved)."

사랑해야 사랑받는다. 신뢰해야 신뢰받는다. 영국 총리를 지낸 모리스 맥밀런Maurice Harold Macmillan, 1894~1986은 이렇게 말했다.

"오랜 경험으로 내가 발견한 것은, 아무도 신뢰하지 않는 사람은 누구의 신뢰도 받지 못하는 사람이라는 것이다(In long experience I find that a man who trusts nobody is apt to be kind of man nobody trusts)."

누구를 얼마만큼 신뢰할 것인가. 언제 어디서나 모든 사람을 무조건 신뢰하는 것도 방법이다. '정직이 최선의 방책이다Honesty is the best policy'를 패러디해 '신뢰가 최선의 방책이다'라는 말을 만들어도 그 의미의 중요성은 둘 다 뒤지지 않는다.

"잘못을 저지르는 것보다는 남이 저지른 잘못 때문에 고통 받는 게 낫다. 남을 신뢰하지 않는 것보다는 속임을 당하는

게 더 행복할 때가 있다(It is better to suffer wrong than to do it, and happier to be sometimes cheated than not to trust)."

영국의 시인 겸 평론가 새뮤얼 존슨Samuel Johnson, 1709~1784이 한 말이다. 우정에는 특히 신뢰가 필수적이다. 라로슈푸코는 이렇게 말했다.

"친구에게 속는 것보다 친구를 신뢰하지 않는 게 더 부끄러운 일이다(It is more shameful to mistrust one's friends than to be deceived by them)."

지나친 불신과 지나친 신뢰를 제어하는 것은 두려움과 신중함이다

언제 어디서나 누구에게나 정직해야 한다. 그러나 신뢰의 범위와 정도는 제한될 수 있다. 영국의 시인이자 극작가인 윌리엄 셰익스피어William Shakespeare, 1564~1616는 이렇게 말했다.

"모든 사람을 사랑하고 작은 수의 사람만을 신뢰하며 그 누구에게도 잘못을 저지르지 마라(Love all, trust a few, do wrong to none)."

신뢰 거부 대상에 대해 미국 정치가 존 콜린스John Collins, 1848~1908는 이런 주장을 폈다.

"모든 사람에 대해 좋은 말만 하는 사람은 절대 신뢰하지 마라(Never trust a man who speaks well of everybody)."

참조할 만한 가치가 있는 말이다.

미국 장로교 목사 프랭크 크레인Frank Crane, 1861~1928은 이렇게 말했다.

"지나친 신뢰 때문에 속임을 당할 수 있으나 불충분한 신뢰는 고통스러운 삶을 살게 한다(You may be deceived if you trust too much, but you will live in torment if you do not trust enough)."

지나침도 부족함도 없는 신뢰의 양을 가늠하게 해줄 수 있는 것은 호혜성reciprocity이다. 호혜성은 조건적이다.

신앙의 영역에서는 조건이 없다.

"신앙은 입증되지 않은 것을 믿는 게 아니라 조건 없이 신뢰하는 것이다(Faith is not belief without proof, but trust without reservation)."

미국의 신학자 엘턴 트루블러드David Elton Trueblood, 1900~1994가 한 말이다.

세상살이에서는 '가는 말이 고와야 오는 말이 곱다'. 커뮤니케이션의 양을 늘리려면 우선 내가 고운 말을 많이 해야 한다. 신뢰 증진도 마찬가지다. 랠프 에머슨은 이렇게 말했다.

"남들을 신뢰하면 그들도 내게 진실한 존재가 된다. 남을 위대하게 대하면 그들도 위대한 모습을 보여준다(Trust men and they will be true to you; treat them greatly and they will show themselves great)."

미국 정치가 헨리 스팀슨Henry Stimson, 1867~1950은 이렇게 말했다.

"어떤 사람을 믿을 만한 사람으로 만드는 유일한 방법은 그를 신뢰하는 것이다(The only way to make a man trustworthy is to trust him)."

영국 정치가 윌리엄 글래드스턴William Ewart Gladstone, 1809~1898에 따르면 보수와 진보의 차이는 신뢰에 대한 관점의 차이에서 나온다. 그는 이렇게 말했다.

"자유주의는 신중함으로 순화시킨 사람에 대한 신뢰다. 보수주의는 두려움으로 순화시킨 사람에 대한 불신이다(Liberalism is trust of the people, tempered by prudence; conservatism, distrust of people, tempered by fear)."

글래드스턴이 말한 '순화된 신뢰와 불신'이 작동하지 않는 곳은 '죽은 신뢰'의 사회나 회사가 된다.

;
오늘과 내일을 잡아
성공으로 가는 출발점이
바로 '자기 신뢰'다.

칭찬   ○

칭찬에도 잘 쓰는
지혜가 필요하다

자유 토론으로 아이디어를 개발하는 '브레인스토밍brainstorming'
기법을 창안한 사람은 광고 전문가인 알렉스 오즈번Alex F. Osborn,
1888~1966이다. 그가 말하는 창의성과 칭찬의 관계는 이렇다.

"창의성은 지극히 민감한 꽃이다. 칭찬은 창의성을 꽃피
운다. 반대로 기를 꺾으면 창의성의 싹이 잘려나간다. 노력이
진심으로 인정받게 되면 누구나 더 좋은 아이디어를 더 많이
내놓는다(Creativity is so delicate a flower that praise tends to make it
bloom, while discouragement often nips it in the bud. Any of us put out
more and better ideas if our efforts are truly appreciated)."

누구나 칭찬에 목마르다. 에릭 호퍼는 우리가 칭찬에 약

한 이유를 이렇게 설명한다.

"잘 모르는 것일수록 우리는 쉽게 믿는다. 우리는 스스로에 대해 무지하기 때문에 우리에 대한 말은 무엇이든 믿을 준비가 돼 있다. 그래서 아부와 비방 모두에 신비한 힘이 있는 것이다(Our credulity is greatest concerning the things we know least about. And since we know last about ourselves, we are ready to believe all that is said about us. Hence the mysterious power of both flattery and calumny)."

아부는 '윗사람에게 하는 칭찬'이다

칭찬은 좋은 것, 아부는 달콤하지만 나쁜 것이라는 인식이 있다. 아부는 쉽고 칭찬은 어렵다는 견해도 있다. 그리스 속담에 비슷한 표현이 있다.

"아부하는 법을 아는 사람은 많지만, 칭찬하는 법을 아는 사람은 소수다(Many men know how to flatter, few men know how to praise)."

독일의 소설가 장 파울Jean Paul, 1763~1825은 주장했다.

"아부가 칭찬보다 더 간단하고 쉽다(It is simpler and easier to flatter men than to praise them)."

아부는 높은 사람에게 하는 칭찬이다. 아부에는 뭔가 얻어내려는 의도가 담겼다. 그러나 자녀나 부하를 칭찬하는 경우에도 공부나 일을 잘하게 만들려는 '꼼수'가 있다. 칭찬은 아랫사람에게 하는 아부다.

우두머리는 칭찬으로부터 해방돼야 한다. 조직을 이끄는 데 필요한 것은 칭찬이 아니라 흔들리지 않는 고요함이다. 오노레 드 발자크는 말했다.

"마음이 지극히 고요한 사람은 칭찬이나 흠잡기에 마음을 쏟지 않는다(He has great tranquility of heart who cares neither for the praises nor the fault-finding of men)."

볼프강 모차르트Wolfgang Amadeus Mozart, 1756~1791는 말했다.

"나는 그 어떤 칭찬이나 비난에도 관심이 없다. 나는 그저 내 감정을 따를 뿐이다(I pay no attention whatever to anybody's praise or blame. I simply follow my own feelings)."

칭찬의 가치는 희소성에서 출발한다

누구나 칭찬의 함정에서 탈출해야 한다. 정신과 의사 프리츠 펄스Fritz Perls, 1893~1970는 그 이유를 이렇게 설명했다.

"남들에게 의존하는 성향은 우리를 노예로 만든다. 특히 자기존중의 경우에 그렇다. 만인의 격려와 칭찬을 받아야 직성이 풀린다면, 이는 만인을 자신의 심판관으로 삼는 것과 같다(Our dependency makes slaves out of us, especially if this dependency is a dependency of our self-esteem. If you need encouragement, praise, pats on the back from everybody, then you make everybody your judge)."

가난에서 벗어난 다음에야말로 돈을 잘 쓰는 게 중요하듯 '칭찬 탈출' 후에도 칭찬의 지혜가 필요하다. 몇 가지 '할 일과 안 할 일do's and don'ts'이 있다. 무조건 칭찬하고 보는 '전방위 칭찬'은 바람직하지 않다. 새뮤얼 존슨은 이를 절묘하게 표현했다.

"모든 사람을 칭찬하는 사람은 아무도 칭찬하지 않는 사람이다(He who praises everybody, praises nobody)."

그의 설명은 이렇다. 참으로 맞는 표현이다.

"칭찬은 금이나 다이아몬드와 마찬가지로 희소성에서 가치가 나온다(Praise, like gold and diamonds, owes its value only to its scarcity)."

칭찬은 대상에 맞아야 한다. 독일의 시인 하인리히 하이네Heinrich Heine, 1797~1856는 이렇게 말했다.

"비판의 가치를 아는 사람에게만 칭찬이 득이 된다(He only profits from praise who values criticism)."

토머스 풀러도 비슷한 주장을 했다.

"칭찬은 좋은 사람을 더 좋게, 나쁜 사람을 더 나쁘게 만든다(Praise makes good men better and bad men worse)."

칭찬과 비판은 섞지 않는 게 좋다. 헨리 워드 비처의 다음 말을 보면 이 두 단어의 뉘앙스를 잘 알았던 것 같다.

"가장 비열한 종류의 칭찬은 좋은 말을 한 다음 '하지만'으로 시작하여 딴소리를 하는 것이다(The meanest, most contemptible kind of praise is that which first speaks well of a man, and then qualifies it with a 'but')."

까다로운 우두머리에게 하는 아부에는 위험이 따른다. 라로슈푸코는 더 직설적으로 칭찬과 아부의 차이를 표현했다.

"군주들이 갖추지 않은 장점을 칭찬하는 것은 후환을 두려워하지 않고 모욕을 주는 것과 같다(To praise princes for virtues they do not possess is to insult them without fear of consequences)."

칭찬이 낳는 시샘은 조직을 해칠 수 있다. 찰스 케일럽 콜튼은 이를 단언한 표현을 남겼다.

"죽기 전에는 시샘이 담기지 않은 칭찬을 기대하지 마라(Expect not praise without envy until you are dead)."

;
마음이 고요한 사람은
칭찬이나 흠잡기에 마음을 쏟지 않는다.

7

안목을 넓히는 문장들

보이는 것 너머의
세상을 보라

역사　　　○　　　역사를 아는 것은
위기에 대한
감각을 기르는 일이다

역사란 무엇인가? 유력한 답 중 하나는 인간의 삶을 기록한 게 역사라는 것이다.

"수많은 전기傳記의 핵심을 간추린 게 역사다(History is the essence of innumerable biographies)."

토머스 칼라일이 한 말이다.

"역사란 없다. 전기가 있을 뿐이다(There is no history; only biography)."

미국 사상가 랠프 에머슨이 한 말이다.

삶의 여러 모습 중에서도 먹는 게 제일 중요하다.

"세계사는 일용할 빵과 버터를 찾아다닌 어떤 인간에 대한 기록이다(The history of the world is the record of a man in quest of his daily bread and butter)."

네덜란드 태생의 미국 저술가 헨드릭 빌럼 판 론Hendrik Willem van Loon, 1882~1944이 한 말이다.

먹는 이야기가 나오니까 오히려 '역사가 밥 먹여주나?' 하는 생각이 들 수 있다. 역사 말고도 신경 쓸 게 너무나 많은 세상 아닌가. 헨리 포드는 이렇게 말했다.

"역사는 크고 작은 허튼소리다(History is more or less bunk)."

과거에는 역사가 중요했으나 더 이상 그렇지 않을 수도 있다. 미국 시인 앨런 긴즈버그Allen Ginsberg, 1926~1997는 이렇게 말했다.

"더 이상 역사로부터 배울 게 없다. 우리는 지금 과학소설 속에 살고 있기 때문이다(There is nothing to be learned from history anymore. We're in science fiction now)."

역사를 알면 위기와 발전이 보인다

별로 써보지도 못하고 버리게 되는 물건이 있다. 역사도 같은 운명일까. 올더스 헉슬리는 이렇게 말했다.

"인간은 역사의 교훈으로부터 별로 배우지 않는다는 게 역사가 가르쳐야 할 가장 중요한 교훈이다(That men do not learn very much from the lessons of history is the most important of all the lessons that history has to teach)."

영어 한마디 모르고도 이민 가서 잘 사는 사람이 많듯, 역사를 모른다고 사는 데 지장이 있는 것은 아니다. 그러나 영어를 알면 새로운 일들을 할 수 있다. 역사를 알면 별천지가 열린다.

역사는 순환적cyclical이면서 동시에 선형적linear이다. 위기는 순환한다. 역사의 효용 중 하나는 오고가는 위기에 대한 감각을 키워준다는 점이다.

"역사는 거대한 조기경보시스템이다(History is a vast early warning system)."

노먼 커즌스가 한 말이다.

역사는 또한 직선으로 발전한다. 부침浮沈이 있어도 전체적으로 보면 역사는 발전한다. 역사는 과감함을 요구한다. 아서 클라크는 이렇게 말했다.

"우리가 발명과 발견의 역사에서 한 가지 배운 게 있다면, 장기적 혹은 종종 단기적으로 봤을 때 가장 과감한 예언도 우스꽝스러울 정도로 신중했던 것으로 보인다는 것이다(If we have learned one thing from the history of invention and discovery, it is that, in the long run and often in the short one the most daring prophecies seem laughably conservative)."

역사의 순환과 발전을 아는 사람은 곧 지혜로운 사람이다. 윈스턴 처칠은 이렇게 말했다.

"역사적인 사건이 발생할 때에는 누구나 알아본다. 이미 일어난 역사적인 사건도 누구나 알아본다. 그러나 지혜로운 사람만이 지금 이 순간 무엇이 극히 중요하고 영구적인 것인지, 무엇이 기억될 것인지 알아차린다(Everyone can recognize history when it happens. Everyone can recognize history after it has happened; but only the wise man knows at the moment what is vital and permanent, what is lasting and memorable)."

효용을 따지기 전에 역사 지식은 기본적인 인간 조건이다. 키케로는 이렇게 말했다.

"자신이 태어나기 전에 일어난 일에 대해 무지한 사람은 계속 어린이로 남아 있는 것이다(To be ignorant of what occurred before you were born is to remain always a child)."

역사 속에 다시 일어서는 힘이 있다

마크 트웨인은 이런 말을 했다.

"현실 세계에서 올바른 일이 올바른 장소와 시간에 발생하는 일은 절대 없다. 그렇게 보이도록 하는 것은 언론인과 역사가가 할 일이다(In the real world, the right thing never happens in the right place and the right time. It is the job of journalists and historians to make it appear that it has)."

역사는 딱 떨어지지 않는다. 역사의 힘을 아는 사람은 역사를 날조한다. 날조에 대한 경계가 필요하다.

"역사가의 첫 번째 자격은 날조 능력이 없는 데 있다(The first qualification for a historian is to have no ability to invent)."

프랑스 소설가 스탕달Stendhal, 1783~1842이 한 말이다.

"자신의 정직성에 가치를 두는 역사가는 무엇이 진리인지에 대해 알려고 하지 말아야 한다. 진리를 바라게 되면 사실을 틀림없이 조작하게 되기 때문이다(The historian must not try to know what is truth, if he values his honesty; for, if he cares for his truths, he is certain to falsify his facts)."

미국 역사가 겸 작가 헨리 애덤스Henry Brooks Adams, 1838~1918가 한 말이다.

조작은 헛일이다.

"일부 사람을 영원히 속일 수 있고 모든 사람을 잠시 속일 수 있지만, 모든 사람을 영원히 속일 수는 없다(You can fool some of the people all of the time, and all of the people some of the time, but you can not fool all of the people all of the time)."

에이브러햄 링컨이 한 것으로 추정되는 말이다.

역사는 '충분히 이용하지 않은underused' 자원이다. 위대한 민족은 고난을 겪어도 다시 일어설 수 있다. 역사는 자신감을 준다. 기업 문화corporate culture 못지않게 중요한 게 사사社史다. 역사가 위대한 회사는 지금 어려워도 다시 일어설 수 있다.

영국 작가 버지니아 울프Adeline Virginia Stephen Woolf, 1882~1941는

이렇게 말했다.

"기록되기 전에는 이미 일어난 일도 일어난 게 아니다
(Nothing has really happened until it has been recorded)."

울프의 말을 극단적으로 응용하면 사사, 즉 역사가 없는 나라와 회사는 세상에 존재하지 않는다.

;

역사를 모른다고 사는 데
지장이 있는 것은 아니다.
그러나 역사를 알면
새로운 일들을 할 수 있다.

문화 　　　○　　　　단순함을 간직한 문화가
　　　　　　　　　　강한 문화다

　　문화는 왠지 부담 없고 '소프트'하게 보인다. 문화에는 원
래 딱딱한 면도 있었지만, 사람들은 갈수록 '문화' 하면 엔터테
인먼트만 떠올린다.
　　"원래 문화적 관심은 제조·경제·정치에 대한 것으로 세상
에서 중대한 역할을 하기 위해서였다. 우리는 언젠가부터 진
정으로 엔터테인먼트에 기반을 둔 문화만을 문화로 전환했다
(We've switched from a culture that was interested in manufacturing,
economics, politics—trying to play a serious part in the world—to a
culture that's really entertainment-based)."
　　스티븐 킹이 한 말이다.

문화는 아직 딱딱한 면이 있다. 지금도 문화는 지배의 문제와 밀접하다. 앨런 긴즈버그는 이렇게 말했다.

"누구든 이미지, 즉 매체를 지배하는 자가 문화를 지배한다(Whoever controls the media—the images—controls the culture)."

긴즈버그의 말을 확장한다면 문화를 지배하는 사람이나 집단이 세상을 지배한다고 할 수 있다.

지배와 피지배를 둘러싼 문화의 만남은 전쟁을 방불케 한다. 독일 소설가 겸 시인 헤르만 헤세Hermann Hesse, 1877~1962는 이렇게 말했다.

"진짜 고통은 두 개의 문화가 충돌할 때에만 느낄 수 있다(When two cultures collide is the only time when true suffering exists)."

여기서 두 개 문화의 충돌은 동양 문화와 서양 문화, 기독교 문화와 이슬람 문화, 중심 문화와 주변부 문화 등 여러 차원에서 이해할 수 있다. 물론 딱 하나뿐인 인류 문화는 있다.

"대략적으로 말하자면 문화란 인간은 하고 원숭이는 하지 않는 모든 것이다(Culture is roughly anything we do and the monkeys don't)."

영국의 육군 원수 배런 래글런Baron Raglan, 1788~1855이 한 말이다. 인류 문화는 단 하나지만, 하위 문화의 싸움이 문제인 것이다.

위대한 문화는 위대한 단순함으로 나타난다

"문화의 목적은 바른 생활이다(The end of culture is right living)."

영국 소설가 윌리엄 서머싯 몸William Somerset Maugham, 1874~1965 이 한 말이다. 문화의 목적은 생존이기도 하다. 지금 세계에서 벌어지고 있는 가장 큰 문화 전쟁은 글로벌 문화와 민족 문화 사이의 충돌이다. 글로벌 문화 하나만 남는다는 것은 그만큼 문화의 풍성함이 줄어든다는 이야기다.

"세계관이나 문화가 사라질 때마다 삶의 가능성이 줄어든다(Every view of the world that becomes extinct, every culture that disappears, diminishes a possibility of life)."

1990년 노벨 문학상을 수상한 멕시코 작가 옥타비오 파스Octavio Paz Lozano, 1914~1998가 한 말이다.

자국 문화는 다문화주의라는 형식의 글로벌 문화주의 앞에서 풍전등화風前燈火다. 미국도 예외가 아니다. 미국 내부의 곳곳에서 불만이 터져 나온다. 미국의 경제학자, 사회이론가 토머스 소웰Thomas Sowell, 1930~은 이렇게 말했다.

"다문화주의를 한마디로 요약하자면 서구 문화를 제외한 세계의 모든 문화를 찬양할 수 있고, 서구 문화를 제외한 세계의 그 어떤 문화도 비난할 수 없다는 것이다(What 'multiculturalism' boils down to is that you can praise any culture in the world except Western culture and you cannot blame any culture in the world except Western culture)."

성숙할 대로 성숙한 문화와 '야만에 가까운' 풋내기 문화가 충돌하는 것도 고래로 문화 전쟁의 중요한 단면이다.

"역사가 우리에게 주는 교훈은 야만족이 잠자는 문화에 맞서면 야만족이 항상 이긴다는 것이다(History teaches us that when a barbarian race confronts a sleeping culture, the barbarian always wins)."

영국의 역사학자 아널드 토인비Arnold Joseph Toynbee, 1889~1975가 한 말이다.

물론 성숙한 문화 속에도 고도의 세련된 단순성이 있다.

"위대한 문화는 종종 위대한 단순함으로 나타난다(Great culture is often betokened by great simplicity)."

프랑스 여배우 도로테 드루지Dorothee DeLuzy, 1747~1830가 한 말이다.

희생 없이 문화의 힘을 누릴 수 없다

우리 문화는 청년이자 노년이다. 서구 문화는 백 살 남짓이다. 우리 문화 속에 들어와 발전하고 있는 서구 문화는 한창 때다. 그래서 음악, 음식, 미술, 발레, 영화, 스포츠 등 제반 문화 영역에서 '문화적으로 늙은' 서구 국가들과 붙으면 충분히 승산이 있다. 한편 민족 문화는 나이가 반만 년 이상이다. 네덜란드 역사학자 요한 하위징아Johan Huizinga, 1872~1945의 말을 귀담아 들을 만하다.

"문화를 보존하려면 새로운 문화를 계속 만들어야 한다(If we are to preserve culture we must continue to create it)."

문화를 항상 새롭게 하는 것은 결국 개인이다. 모두가 아니더라도 다수 국민이 문화인인 나라가 문화 강국이다. 왜 그런지는 캐나다의 법률가이자 정치가인 존 애벗John Joseph Caldwell Abbott, 1821~1893이 한 말 속에 답이 있다. 그는 이렇게 말했다.

"문화는 모든 사람의 능력을 더 강하고 더 크게 만들 수 있다(Every man's ability may be strengthened or increased by culture)."

문화에서 힘을 뽑아 쓰려면 희생이 필요하다.

"호된 대가를 치르지 않고 문화를 획득하는 사람은 없다(No people come into possession of a culture without having paid a heavy price for it)."

미국 작가 제임스 볼드윈James A. Baldwin, 1924~1987이 한 말이다.

대가를 치른다 해도 그만한 가치가 있다. 영국 시인 매슈 아널드Matthew Arnold, 1822~1888는 이렇게 말했다.

"문화란 세상에 나온 최고의 말과 사상에 대해 아는 것이다(Culture is to know the best that has been said and thought in the world)."

대가가 필요하다고 해서 '피를 부르는 문화혁명'이 필요한 것은 아니다. 중국의 문화혁명은 실패했다. 결국 중국은 유교 등 중국 전통으로 회귀했다. 뒤집어엎는다고 되는 게 아니다. 피터 드러커는 이렇게 말했다.

"기업의 문화는 나라의 문화와 같다. 문화를 절대 바꾸려고 하지 말아야 한다. 이미 가지고 있는 문화의 활용을 시도해야 한다(Company cultures are like country cultures. Never try to change one. Try, instead, to work with what you've got)."

문화가 요구하는 대가는 자기발전과 완성을 위해 지나친 휴식이나 엔터테인먼트에 소요되는 시간을 줄이는 것이다.

;

문화는 생존의 문제다.
그러나 국가도 기업도
'문화혁명'은 불필요하다.

○   종교의 힘을
                              쓸 줄 아는 공동체가
                              미래를 차지한다

종교에는 힘이 있다. 호국불교는 삼국, 후삼국 통일, 고려, 조선을 수호한 원동력이었다. 그래서 현재의 대한민국이 있다. 이슬람은 부족으로 뿔뿔이 흩어져 살던 아랍인들을 묶어 아랍 민족, 아랍 제국으로 만들었다. 서구의 세계 지배를 뒷받침한 것도 기독교다. 종교가 국력이다.

"한 나라의 힘은 그 나라의 종교적 신념에서 나온다(The strength of a country is the strength of its religious convictions)."

미국의 제30대 대통령 존 캘빈 쿨리지John Calvin Coolidge, 1872~1933가 한 말이다.

이제 종교는 풍전등화다. 20세기의 지성이라고 일컬어지는 버트런드 러셀은 다음과 같이 정의한다. 그의 말이 부분적으로는 맞는 말인지도 모른다.

"종교는 우리 지능이 유아기였을 때의 잔재다. 우리가 이성과 과학을 지침으로 삼게 되면 종교는 사라질 것이다(Religion is something left over from the infancy of our intelligence, it will fade away as we adopt reason and science as our guidelines)."

종교를 위해 죽는 것보다는 사는 게 힘들다

또한 온갖 것들이 종교의 자리를 넘본다.

"무엇이든 어떤 사람이 가지고 있는 가장 큰 관심이 곧 그의 종교다(One's religion is whatever he is most interested in)."

『피터팬Peter Pan』으로 유명한 스코틀랜드 작가 제임스 매슈 배리James Matthew Barrie, 1860~1937가 한 말이다. 상당수 현대인에게는 일, 골프, 게임, TV가 종교다.

'종교의 잣대'로 종교가 비판받고 있다.

"사람들은 종교를 위해 말다툼하고, 글을 쓰고, 전쟁을 하고, 죽기도 하지만 단 한 가지가 없다. 사람들은 종교를 위한 삶을 살지는 않는다(Men will wrangle for religion, write for it, fight for it, die for it, anything but live for it)."

영국의 성직자이자 작가인 찰스 케일럽 콜튼이 한 말이다.

"종교를 위해 순교하는 게 그 종교를 철저히 실천하는

삶을 사는 것보다 쉽다(To die for a religion is easier than to live it absolutely)."

아르헨티나 작가 호르헤 루이스 보르헤스_{Jorge Luis Borges, 1899~1986}가 한 말이다.

"우리에겐 서로 미워할 만큼의 종교는 있으나 서로 사랑할 만큼의 종교는 없다(We have just enough religion to make us hate, but not enough to make us love one another)."

조너선 스위프트가 한 말이다.

'종교적'인 사람들마저 종교를 외면하고 있다. 착하게 사는 게 그들의 종교다. 그들은 '모든 종교의 진리는 하나다'라며, '착하게 살자'고 역설한다.

"좋은 일을 하면 기분이 좋다. 나쁜 일을 하면 기분이 나쁘다. 그게 내 종교다(When I do good, I feel good. When I do bad, I feel bad. And that is my religion)."

에이브러햄 링컨이 한 말이다.

"세계가 내 나라요, 온 인류가 내 형제요, 좋은 일을 하는 게 내 종교다(The world is my country, all mankind are my brethren, and to do good is my religion)."

『상식_{Common Sense}』의 저자인 정치 평론가 토머스 페인_{Thomas Paine, 1737~1809}이 한 말이다.

종교야말로 악의 원천이라는 사람들도 있다.

"종교가 있건 없건 좋은 사람들은 좋은 일을 할 것이요,

나쁜 사람들은 나쁜 일을 할 것이다. 그러나 좋은 사람들이 나쁜 일을 하게 만드는 것은 종교다(With or without religion, you would have good people doing good things and evil people doing evil things. But for good people to do evil things, that takes religion)."

미국 핵물리학자 스티븐 와인버그Steven Weinberg, 1933~가 한 말이다.

'나쁜 놈 돼라'고 가르치는 종교는 없다, 그러나……

제도화된 종교에는 속하지 않겠다는 '선행교善行敎' 신자들에게 조지 산타야나는 이렇게 일침을 놨다.

"특정 종교를 실천하지 않고 종교적으로 살겠다는 것은 특정 언어를 사용하지 않고 말을 해보겠다는 것과 같다(To attempt to be religious without practicing a specific religion is as possible as attempting to speak without a specific language)."

'나쁜 놈이 돼라'고 가르치는 종교는 없다. 그러나 모든 고등 종교는 선행을 넘어 뭔가 더 높은 가치를 강조한다. 그리스도교는 은총과 믿음을 강조한다. 영국 철학자 앨런 와츠에 따르면 불교의 최대 관심사는 해탈과 해방을 위한 존재의 이해다. 그는 이렇게 말했다.

"참선參禪은 선악이나 유리함의 발견이 아니라 존재에 관심을 두는 해방의 길이다(Zen is a way of liberation, concerned not with discovering what is good or bad or advantageous, but what is)."

종교는 수많은 전쟁을 치렀다. '종교 내전內戰', 종교 간 전쟁 외에도 세속주의와 무신론, 과학, 국가와도 일전을 치렀다. 종교와 과학 간의 전쟁은 비교적 소강상태다. 함께할 일이 많다.

"우주적 종교 체험은 과학 연구를 뒷받침하는 가장 강력하고 고귀한 힘이다(The cosmic religious experience is the strongest and noblest driving force behind scientific research)."

아인슈타인이 한 말이다.

"과학이 세계를 하나의 거대한 이웃으로 만들었듯이, 종교는 세계를 거대한 형제로 만들어야 한다(Science has made the world a great neighborhood, but religion must make it a great brotherhood)."

미국의 신학자 레스터 A. 웰리버Lester A. Welliver가 한 말이다.

"과학은 종교를 정화한다. 오류와 미신을 덜어낸다. 종교도 과학을 정화할 수 있다. 우상과 절대적이라고 잘못 알려진 것들을 솎아낸다(Science can purify religion from error and superstition. Religion can purify science from idolatry and false absolutes)."

교황 요한 바오로 2세Pope John II, 470~535가 한 말이다.

종교 다원주의를 둘러싼 싸움은 이제 시작이다.

"이웃 사람이 '신神의 수는 20이다'라고 하든지 '신은 없다'라고 하든지 나는 아무런 해를 입지 않는다(It does me no injury for my neighbor to say there are twenty Gods, or no God)."

토머스 제퍼슨이 한 말이다.

"나는 내가 힌두교, 그리스도교, 이슬람교, 유대교, 불교, 유교를 모두 믿는다고 생각한다(I consider myself a Hindu, Christian, Moslem, Jew, Buddhist, and Confucian)."

마하트마 간디Mahatma Gandhi, 1869~1948가 한 말이다.

이들의 말이 마음에 드는 사람과 그렇지 않은 사람이 있다. 양쪽의 갈등을 잘 조정하는 공동체가 현재의 위치를 유지하고 또 더 높은 곳으로 도약할 것이다. 다원화된 종교 환경에서 종교의 힘을 잘 뽑아 쓰는 가정과 회사, 국가가 번창할 것이다.

;
종교는 국가, 회사, 가정을 지탱하는 힘이다.
그래서 미래는 종교 다원주의 시대에
잘 적응하는 공동체가 차지한다.

예술 　　　○ 　　　예술을 사랑하는
　　　　　　　　　　　　영혼은
　　　　　　　　　　　　결코 늙지 않는다

　　"사랑은 ○○○ 다.""정치는 ○○○ 다.""산다는 것은 ○
○○ 다." 괄호 채우기가 그리 어렵지 않다. 누구나 일가견이
있는 전문가다. 좀 까다로운 것은 예술이다. 진입장벽이 있다.
'예술은 ○○○ 다'라고 했을 때 괄호 안은 어떤 것들로 채울
수 있을까?

　　미국 음악가 프랭크 자파Frank Vincent Zappa, 1940~1993가 한 말이
제일 피부에 와 닿는다. 자파는 이렇게 말했다.

　　"예술은 무無에서 뭔가를 만들어 파는 것이다(Art is making
something out of nothing and selling it)."

　　자파의 말이 지나치게 세속적, 물질적으로 들린다면 '고상

한' 것들도 많다.

"모든 예술은 인간 운명에 대한 반란이다(All art is a revolt against man's fate)."

프랑스 작가 앙드레 말로Andre Georges Malraux, 1901~1976가 한 말이다.

"예술은 도덕과 마찬가지로 어딘가에 선을 긋는 것이다(Art, like morality, consists of drawing the line somewhere)."

영국 작가 길버트 체스터턴이 한 말이다.

"예술은 손재주가 아니라 예술가가 경험한 느낌을 전달하는 것이다(Art is not a handicraft, it is the transmission of feeling the artist has experienced)."

톨스토이가 한 말이다.

예술은 눈에 보이는 행동뿐만 아니라 보다 추상적인 관념을 통해 이해할 수도 있다.

"예술은 진리를 깨닫게 하는 거짓말이다(Art is a lie that makes us realize the truth)."

입체파 대표 화가이며 천재로 일컬어지는 파블로 피카소 Pablo Ruiz Picasso, 1881~1973가 한 말이다.

"예술품은 어떤 아이디어에 대한 과장이다(The work of art is the exaggeration of an idea)."

앙드레 지드가 한 말이다.

모든 어린이는 예술가다

사전을 펼쳐보며 아무 명사나 동사를 끄집어내 괄호 속에 넣어도 말이 통할까? 그럴지도 모른다. 세상의 모든 것은 나머지 모든 것들과 통하기 때문이다. 만물과 만물의 관계를 잘 알아채는 것은 어린이일까 어른일까. 피카소는 어린이라고 할 것 같다. 그는 이렇게 말했다.

"모든 어린이는 예술가다. 문제는 어떻게 하면 성장한 다음에도 예술가로 남아 있느냐다(Every child is an artist. The problem is how to remain an artist once he grows up)."

사람은 자연 속에서 산다. 사람은 자연을 이해하기 위해 과학을 한다. 예술은 삶과 자연, 과학이 꾸미고 있는 거대한 삼각형 속에 있다. 우선 예술과 삶, 자연의 관계를 따져보자. 강력한 주장 하나는 예술이 자연과 자연의 일부인 삶을 모방한다는 것이다.

"모든 예술은 자연의 모방에 불과하다(All art is but imitation of nature)."

세네카가 한 말이다.

"자연에 대한 사랑을 유지하라. 그렇게 하는 게 예술을 더 깊게 이해하는 진정한 방법이기 때문이다(Keep your love of nature, for that is the true way to understand art more and more)."

네덜란드 후기 인상주의 화가 빈센트 반 고흐Vincent Willem Van Gogh, 1853~1890가 한 말이다.

통설에 반기를 들며 쿠바 음악가 호세 라울 베르나르도Jose Raul Bernardo, 1928~는 이렇게 말했다.

"예술은 삶을 모방하지 않는다. 예술은 그보다 훨씬 강력하다. 예술은 우리 모두 내면에 숨기고 있는 비밀을 드러냄으로써 삶을 되찾아준다(Art does not imitate life. Art is much more powerful than that. Art brings life back. And it does it by exposing the secrets we all carry inside)."

오스카 와일드가 좀 더 온건하다. 그는 이렇게 말했다.

"예술이 삶을 모방하는 것보다는 삶이 예술을 더 많이 모방한다(Life imitates art more than art imitates life)."

예술과 삶의 관계는 시공간 속 자유의 문제로도 이해할 수 있다. 즉 이렇게도 말할 수 있다.

"예술이란 시간으로부터는 자유롭게 됐으나 공간에 갇힌 삶이다(Art is life captured in space, freed from time)."

필자가 만든 말이다.

다음은 예술과 과학의 관계를 살필 차례다. 예술은 과학과 대조적인 것으로 이해할 수 있다.

"예술은 아는 게 아니라 느끼는 것이다. 나머지는 다 과학이다(Not what man knows but what man feels, concerns art. All else is science)."

러시아 태생의 미국 미술비평가 버나드 베렌슨Bernard Berenson, 1865~1959이 한 말이다.

예술은 개인주의, 과학은 집단주의다

예술과 과학이라는 이분법에 개인과 집단이라는 변수를 집어넣을 수도 있다.

"예술은 '나'요, 과학은 '우리'다(Art is I; science is we)."

프랑스 생리학자 클로드 베르나르Claude Bernard, 1813~1878가 한 말이다.

"예술은 세상에 알려진 가장 강렬한 형태의 개인주의다(Art is the most intense form of individualism that the world has known)."

오스카 와일드가 한 말이다.

이분법을 탈피해 예술과 과학을 하나의 연장선상에서 이해할 수도 있다. 그렇게 보면 동일한 접근법이 통하는 대상으로 이해할 수 있다.

"예술은 자연에 대한 관찰과 연구에서 탄생한다(Art is born of the observation and investigation of nature)."

키케로가 한 말이다.

"예술은 명료하게 만든 과학이다(Art is science made clear)."

프랑스 작가이자 영화감독인 장 콕토Jean Cocteau, 1889~1963가 한 말이다.

예술을 하려면 무엇이 필요할까? 버트런드 러셀은 천재성을 요구했다. 그는 이렇게 말했다.

"예술에서는 천재성이 없으면 값 있는 것을 아무것도 할 수 없지만, 과학에서는 보통의 능력만 있어도 최상의 성과

를 올릴 수 있다(Whereas in art nothing worth doing can be done
without genius, in science even a very moderate capacity can contribute
to a supreme achievement)."

별다른 능력이 필요 없다는 주장도 있다. 프랑스 작가 아
나톨 프랑스Anatole France, 1844~1924는 이렇게 말했다.

"예술은 사랑과 마찬가지로 본능만으로 충분하다(In art, as
in love, instinct is enough)."

미국 무용가 마사 그레이엄Martha Graham, 1894~1991에 따르면
시대에 딱 맞으면 된다. 그는 이렇게 말했다.

"시대를 앞선 예술가는 없다. 예술가는 곧 그의 시대다. 시
대에 뒤떨어진 것은 예술가가 아니라 다른 사람들이다(No artist
is ahead of his time. He is his time. It's just that the others are behind
the time)."

;
예술은 삶과 자연, 과학이 이루는
삼각형에 갇힌 그 무엇이다.
그러나 예술은 명료한 과학이기도 하다.

8

보다 품격 있는
인생을 꿈꿔라

권력   ○   # 권력을 사랑해야
권력을 얻는다

권력을 휘두르거나 권력에 휘둘리지 않고 살기는 힘들다. 회사의 신입 사원, 대리, 과장부터 사장이나 회장까지, 초등학교 줄반장에서 군대 이등병, 내무반장까지 산다는 것은 권력의 획득·유지나 상실, 탈환에 나름대로 적응하는 것이다. 그러나 권력만큼 비난 받는 것도 없다. 사실 권력은 나쁜 사람이 되는 지름길이 될 수도 있다. '완장'을 차면 착한 사람도 금세 달라질 수 있다.

온갖 시련에도 한결같은 사람 또한 권력 때문에 일순간에 변할 수 있다. 에이브러햄 링컨은 이렇게 말했다.

"역경은 거의 모든 사람들이 견딜 수 있다. 어떤 인물의 성품을 시험하려면 그에게 권력을 부여하라(Nearly all men can withstand adversity; If you want to test a man's character, give him power)."

권력 자체는 죄가 없다. 사람이 나쁜 것이지 권력이라는 개념이나 현상이 나쁠 수 없다.

"권력은 부패하기 마련이라고 말들 하지만, 사실은 권력이 부패하기 쉬운 사람들을 끌어당긴다는 게 진실에 더 가깝다. 건전한 사람은 보통 권력 이외의 것들에 끌린다(It is said that power corrupts, but actually it's more true that power attracts the corruptible. The sane are usually attracted by other things than power)."

미국 과학자, 과학소설가인 데이비드 브린David Brin, 1950~이 한 말이다.

권력 없는 지식에는 쓰라린 고통이 따른다

사람 나름이다. 오히려 권력이 없는 게 더 나쁠 수도 있다. 에릭 호퍼는 이렇게 말했다.

"권력은 소수의 사람을 타락시키지만 무력無力은 다수의 사람을 타락시킨다(Power corrupts the few, while weakness corrupts the many)."

권력이 없는 사람들에게는 권력이란 따먹지 못하는 '신포도'와 같다고 많은 권력자들이 믿는다. 그런 생각은 맞을 수도 있고 틀릴 수도 있다. 권력이 없는, 기성 권력을 비난하는, 권력에 초연한 듯한 이상주의자와 자유주의자, 진보주의자도 내심 권력을 부러워할지 모른다는 게 적어도 가설로서 성립된다.

"이상주의 행세를 하는 것은 대부분 권력에 대한 감춰진 증오나 사랑이다(Much that passes as idealism is disguised hatred or disguised love of power)."

버트런드 러셀이 한 말이다.

"자유주의자란 힘없는 권력 숭배자다(Liberal: a power worshipper without power)."

조지 오웰이 한 말이다.

좋은 사람이 권력을 차지하면 권력은 좋은 것이다. 남들이 굽실거려서가 아니라 많은 일을 할 수 있기 때문이다. 많은 일을 하려면 많은 아이디어가 있어야 한다. 문제는 지식과 권력이 따로따로라는 점이다. 고대 그리스 역사가 헤로도토스는 이렇게 말했다.

"지식은 많지만 권력이 없는 것은 사람에게 제일 쓰라린 고통이다(This is the bitterest pain among men, to have much knowledge but no power)."

지식의 양과 무관하게 권력의 길은 누구에게나 개방되어 있다. 권력의 길 중에서 중요한 한 가지는 권력에 대한 욕심 또는 사랑이다.

"욕구가 권력을 낳는다(Desire creates the power)."

미국 작가 레이먼드 홀리웰Raymond Holliwell, 1900~1986이 한 말
이다.

"권력의 획득과 유지를 위해서는 권력을 사랑해야 한다(In
order to obtain and hold power, a man must love it)."

톨스토이가 한 말이다.

권력에 대한 냉소주의에서 해방되어야 권력을 사랑할 수
있다.

"강자는 항상 옳고, 약자는 항상 그르다. 권력이 있는 자는
건방지고 제멋대로이기 마련이다(Power is always right, weakness
always wrong. Power is always insolent and despotic)."

미국 사전 편찬자 노아 웹스터Noah Webster, 1758~1843가 한 말
이다. 이 말이 왕왕 틀리다는 것을 스스로 입증하라.

권력 획득은 자질 이전에 용기에서 출발한다.

"권력의 비결은 다른 사람들이 당신보다 겁이 많다는 사
실을 아는 지식이다(The secret of power is the knowledge that others
are more cowardly than you are)."

독일 정치 풍자가 루트비히 뵈르네Ludwig Börne, 1786~1837가 한
말이다.

권력을 쟁취하기는커녕 자신이 갖고 있는 '코딱지'만 한
권력도 빼앗길 수 있다. 왜일까?

"사람들이 자신들의 힘을 빼앗기는 가장 흔한 이유는 자
신들에게 아무런 힘이 없다고 믿는 것이다(The most common

way people give up their power is by thinking they don't have any)."

미국 작가 앨리스 워커Alice Walker, 1944~가 한 말이다. 권력에 대한 막연한 두려움도 한 원인이다.

"뭔가를 두려워하면 그 뭔가가 나를 지배하게 된다(He who fears something gives it power over him)."

무어인Moorish, 중세에 이슬람 통치 이베리아 반도와 북아프리카에 거주하던 무슬림의 속담이다.

권력을 쪼갤 때는 적당히 하라

자신에게 권력이 있건 없건, 몇 가지 알아야 할 권력의 속성이 있다. 첫째, 권력은 상호의존적이다.

"가장 강한 사람들도 위급한 순간에는 가장 약한 사람들이 필요하다(In critical moments even the very powerful have need of the weakest)."

고대 그리스 우화작가 이솝Aesop, B.C.620?~B.C.560?이 한 말이다.

둘째, 권력은 적당히 쪼개야 한다. 권력의 부패를 막기 위한 안전장치로 삼권분립과 같은 권력의 분할이 있지만, 오히려 지나치면 역효과를 본다.

"사실로 보나 경험으로 보나 권력은 쪼갤수록 무책임해진다(As a matter of fact and experience, the more power is divided the more irresponsible it becomes)."

미국의 제28대 대통령 우드로 윌슨Thomas Woodrow Wilson, 1856~1924이 한 말이다.

셋째, 권력과 의지의 성공적인 결합이 핵심이다. 권력은 힘, 역ヵ이다. 힘과 독서가 결합된 것이 독서력, 힘과 이해가 결합한 게 이해력이다. 권력과 의지도 결합한다. 권력과 의지가 권력을 창출하고, 강한 의지력이 성공한 권력을 만든다.

"지력이나 능력의 결여보다 의지력의 결여가 더 흔한 실패의 원인이다(Lack of will power has caused more failure than lack of intelligence or ability)."

미국 기독교 신비주의자 플라워 A. 뉴하우스Flower A. Newhouse, 1909~1994가 한 말이다.

넷째, 구걸로는 건강한 권력을 얻을 수 없다. 구걸로 권력을 얻으려는 자는 예비 부패 권력자다.

"스스로의 힘으로 얻을 수 있는 것을 구걸하지 마라(Never stand begging for that which you have the power to earn)."

세르반테스가 한 말이다.

;

권력자에게 죄가 있을 뿐 권력은 죄가 없다.
구걸로 얻은 권력은 타락의 지름길이다.

돈   ○   돈은 모든 악과
                   모든 선의 뿌리다

모든 문화에는 돈을 둘러싼 찬반 양론, 돈에 대한 긍정적 혹은 부정적 시각이 있다. 특히 서구 기독교 문화에서 돈은 선악의 문제다.『신약성경』「디모데전서」6장 10절에 이를 잘 명시하고 있다.

"돈을 사랑하는 것이 모든 악의 뿌리다(The love of money is the root of all evil)."

상대적으로『구약성경』에는 돈에 대한 긍정적인 내용이 많다. 예컨대「전도서」10장 19절에 보면 다음의 구절이 있다.

"잔치는 웃음을 위해 벌이는 것이고, 술은 삶을 즐겁게 하지만, 돈은 모든 것을 해결해준다(A feast is made for laughter, and wine makes life merry, but money is the answer for everything)."

돈은 좋고 가난은 나쁘다는 가치관이 서구 근대화를 뒷받침했다고 해도 과언이 아니다.

"돈이 없는 게 모든 악의 뿌리다(Lack of money is the root of all evil)."

조지 버나드 쇼가 한 말이다.

오로지 돈이 세상을 지배하는 것도 문제지만 돈이 아닌 다른 게 지배하는 세상은 더 끔찍할 수 있다. 러시아 출신 미국 소설가 아인 랜드Ayn Rand, 1905~1982는 이렇게 말했다.

"돈이 모든 선함의 뿌리라는 것을 발견하지 못하는 것은 자멸을 초래하는 것이다. 돈이 더 이상 사람과 사람이 거래하는 방법이 아닌 게 된다면, 사람은 다른 사람의 수단이 된다. 피냐 채찍이냐 총이냐 달러냐. 이 중에서 선택하라. 이외의 선택은 없다(Until and unless you discover that money is the root of all good, you ask for your own destruction. When money ceases to become the means by which men deal with one another, then men become the tools of other men. Blood, whips and guns or dollars. Take your choice – there is no other)."

착한 사마리아인도 돈이 있었기에 선행을 베풀었다

돈에는 좋은 점이 많다. 우선 착한 일을 할 수 있다. 영국 총리를 지낸 정치가 마거릿 대처Margaret Thatcher, 1925~2013는 이렇게 말했다.

"착한 사마리아인이 단지 뜻만 좋았다면 아무도 그를 기억하지 않을 것이다. 그에겐 돈도 있었다(No-one would remember the Good Samaritan if he'd only had good intentions; he had money as well)."

돈이 있으면 사람들이 인정한다.

"호주머니에 돈이 있는 사람은 현명하고 잘생긴 데다 노래도 잘한다(With money in your pocket you are wise, you are handsome, and you sing well too)."

유대 속담이다.

자유도 돈에서 파생한다.

"돈이 있으면 싫어하는 일을 안 해도 되는 자유가 있다. 나는 거의 모든 일을 하기 싫어하기 때문에 돈이 얼마나 편리한지 모른다(Money frees you from doing things you dislike. Since I dislike doing nearly everything, money is handy)."

미국 희극배우 그루초 마르크스Groucho Marx, 1890~1977가 한 말이다.

그렇다면 이런저런 장점이 많은 돈은 어떻게 하면 벌 수 있을까? 록펠러는 부자는 타고나는 것이라고 말했다.

"돈 버는 능력은 신神의 선물이라고 나는 믿는다(I believe the power to make money is a gift of God)."

에릭 버터워스Eric Butterworth, 1916~2003라는 미국 목사에 따르면 생활방식과 사고방식이 바뀌어야 한다. 그는 이렇게 말했다.

"부유함은 사는 방식이자 생각하는 방식이다. 단순히 돈이나 물건이 있는 게 아니다. 가난도 생활과 사고의 방식이다. 단순히 돈이나 물건이 없는 게 아니다(Prosperity is a way of living and thinking, and not just money or things. Poverty is a way of living and thinking, and not just a lack of money or things)."

사고와 생활의 전환이 어떻게 필요할까. 예컨대 돈에 관심이 없으면 된다.

"돈, 칭찬, 명성에 관심이 없게 되면 성공의 정점에 다다른 것이다(You have reached the pinnacle of success as soon as you become uninterested in money, compliments, or publicity)."

미국 소설가 토머스 울프Thomas Wolfe, 1900~1938가 한 말이다. 조금 벌고 더욱 조금 쓰는 경제생활로 전환하면 된다.

"성공한 남자는 아내가 쓸 수 있는 것보다 더 많은 돈을 버는 사람이다. 성공한 여자란 그런 남자를 찾을 수 있는 여자다(A successful man is one who makes more money than his wife can spend. A successful woman is one who can find such a man)."

미국 배우 라나 터너Lana Turner, 1921~1995가 한 말이다.

나보다 돈이 더 많거나 더 적은 사람과
돈 이야기를 하지 마라

전쟁에서 싸우지 않고 이기는 게 최고인 것처럼, 어쩌면 가난해도 부자가 누리는 것을 누릴 수 있다면 그게 최고다. 부자가 아니면서도 부자에 대한 정의와 부합되는 삶을 살면 된다. 미국의 기업가 폴 게티J. Paul Getty, 1892~1976는 돈과 부자의 맥락을 절묘하게 뒤튼다.

"자신이 가진 돈을 셀 수 있는 부자는 진짜 부자가 아니다(If you can actually count your money you are not really a rich man)."

평온한 하루하루, 즐거운 순간순간을 돈으로 환산하면 누구나 일순간에 진짜 부자가 될 수 있다. 미국 기업인 애플의 스티브 잡스Steve Jobs, 1955~2011는 그런 식으로 돈의 가치를 환산하는 법을 아는 사람이었다. 그는 이렇게 말했다.

"소크라테스와 오후를 보낼 수 있다면 내가 가진 모든 기술과 바꾸겠다(I would trade all of my technology for an afternoon with Socrates)."

돈과 관련된 요령을 몇 가지 아는 것도 마음을 풍족하게 할 수 있다.

"당신보다 돈이 훨씬 많거나 훨씬 적은 사람과는 돈 이야기를 하지 마라(The rule is not to talk about money with people who have much more or much less than you)."

영국 칼럼니스트 캐서린 화이트혼Katherine Whitehorn, 1928~이 한 말이다.

"돈이나 용모에서 당신보다 더 받은 사람이 보이면 당신보다 덜 받은 사람을 보라(When you see a person who has been given more than you in money and beauty, look to those, who have been given less)."

이슬람 예언자 무함마드Muhammad, 570?~632가 한 말이다.

;
돈이 있으면 싫어하는 일을
안 해도 되는 자유가 생기지만
돈이 수단이 아닐 때는
사람이 수단으로 전락한다.

명예　　○　　　아름다운 실패에는
　　　　　　　　더 큰 명예가 있다

　　만물에는 평등한 이름이 있지만 이름에는 불평등이 있다. 이름이 같다고 그 가치 또한 같은 게 아니다. 뛰어난 것의 이름에는 '이름 명名'을 덧붙인다. 명가수名歌手, 명감독名監督, 명견名犬, 명검名劍, 명곡名曲, 명산名山, 명사名士…… 칼도 노래도 산도 다 같은 칼, 노래, 산이 아니다.

　　권력, 돈과 달리 명예는 일단 누구나 거저 얻는다. 아르투르 쇼펜하우어는 이를 절묘하게 표현했다.

　　"명성이 얻는 것이라면 명예는 지키는 것이다(Fame is something which must be won; honor is something which must not be lost)."

남이 알아주건 알아주지 않건 묵묵히 바르게 살면 명예롭다. 소크라테스는 이를 강조했다.

"이 세상에서 가장 명예롭게 사는 방법은 우리가 시늉만 내는 것을 실행하는 것이다(The greatest way to live with honor in this world is to be what we pretend to be)."

명예 때문에 손해를 볼 수도 있다.

"사기 쳐서 성공하기보다는 명예롭게 실패하라(Rather fail with honor than succeed by fraud)."

고대 그리스 비극 시인 소포클레스Sophocles, B.C.496~B.C.406가 한 말이다. 아름다운 실패에는 더 큰 명예가 있다.

지혜로운 사람도 맨 마지막에 버리는 게 명예욕이다

대부분의 경우 권력이나 돈은 차지하겠다는 사람들이 챙긴다. 그러나 명예는 좀 다르다.

"명예는 명예로부터 도망가는 사람들을 따라간다(Honor follows those who flee it)."

작자 미상의 격언이다.

"명성은, 보통 명성 이외의 것에 대해 생각하는 사람들을 찾아간다(Fame usually comes to those who are thinking about something else)."

미국 법률가 올리버 홈스 2세Oliver Wendell Holmes Jr., 1841~1935가

한 말이다. 감투나 돈은 사양하면 대부분 그것으로 끝일 가능성이 크다.

"명예를 신중히 거절하면 종종 더 큰 영광으로 돌아온다(An honor prudently declined often returns with increased luster)."

고대 로마의 역사가 티투스 리비우스Titus Livius, B.C.59~A.D.17가 한 말이다.

명성은 명예와 일란성 쌍둥이다. 구분이 잘 안 되지만 다르다. 속성상으로 명성이 권력이나 돈과 더 비슷하다. 명예가 잔잔한 기쁨을 준다면, 명성은 고통과 쾌락 사이를 오간다. 있으면 기쁘고 없어지면 상실감이 크다.

"명성의 맛을 본다는 게 뭔지 전혀 모르는 사람은 행복하다. 명성이 있는 것은 연옥이요, 명성을 바라는 것은 지옥이다(Happy is the man who hath never known what it is to taste of fame— to have it is a purgatory, to want it is a hell)."

영국의 정치가이자 작가인 에드워드 리턴Edward George Bulwer-Lytton, 1803~1873이 한 말이다. 권력이나 돈이 없는 것보다 명성이 없는 게 더 고통스러울 수 있다. 명성이 가장 원초적이다.

"현명한 사람도 명성에 대한 사랑은 맨 마지막에 버린다(Love of fame is the last thing even the wise give up)."

고대 로마 역사가 타키투스Publius Cornelius Tacitus, 56?~117?가 한 말이다.

변질된 형태의 명예는 돈, 권력과 한데 뭉쳐 다니는 경향이 있다. 하나라도 빠지면 허전하다.

"돈이 없으면 명예는 질병에 불과하다(Without money honor is nothing but a malady)."

프랑스의 시인, 극작가인 장 라신Jean Baptiste Racine, 1639~1699이 한 말이다. 하나가 빠지면 나머지 두 가지도 사라지기 쉽다. 권력과 엮인 명예는 권력과 함께 사라진다. 그럼에도 불구하고 특히 '권력형 명예'에 집착하게 되는 이유는 뭘까? 나폴레옹은 이렇게 말했다.

"영광은 덧없지만 무명無名은 영원하다(Glory is fleeting, but obscurity is forever)."

딱 하루라도 왕후장상으로 살아보는 게 평생 무명인 것보다 낫다는 가치관을 반영하는 말이다.

괴테는 이렇게 말했다.

"나무가 타는 것은 나무에 연소에 맞는 물질이 있기 때문이다. 어떤 사람이 유명해지는 것은 그에게 명성에 적합한 자질이 있기 때문이다(Wood burns because it has the proper stuff in it; and a man becomes famous because he has the proper stuff in him)."

괴테의 말과 달리 '엉뚱한' 사람이 명예를 차지하는 경우도 많다. 철저한 조사와 검증 후에 명성을 부여하는 것은 결코 아니다.

"명성이 숭고한 자질에서 나온다는 찬양은 잘못됐다. 세상 사람들은 보통, 어떤 인간의 본색에 대해서는 관심이 없기 때문이다(False is the praise which says that men's eminence comes from their noble qualities; for the people of this world as rule do not care about a man's true nature)."

고대 인도의 우화집 『판차탄트라Panchatantra』에 나오는 말이다.

"명성이란 새로운 인물에 대한 오해의 총합이다(Fame is the sum of misunderstanding that gathers about a new name)."

독일의 유명한 시인 라이너 마리아 릴케Rainer Maria Rilke, 1875~1926가 한 말이다.

명예를 얻으려면 뭔가를 주고 대가를 치러야 한다

청빈淸貧 못지않게 청부淸富가 필요하듯, '깨끗한 명예'도 필요하다. 명예 얻기의 원칙 중 하나는 명예가 뭔가를 주고받고, 대가를 치르는 가운데 확보된다는 것이다.

"수치스러움 없는 명예는 없다(Where there is no shame, there is no honor)."

아프리카 속담이다.

"신神은 일한 이들에게 지식을, 위험을 무릅쓴 이들에게 명예를 준다(God sells knowledge for labor, honor for risk)."

아라비아 속담이다.

"우리는 서로 배울 때 지혜로워지고, 충동을 억제할 때 강해지며, 남에게 명예를 줄 때 명예로워진다(We are wise when we learn from one another. We are strong when we contain our impulses. We are honored when we honor others)."

미국의 유대교 랍비 마크 데이비드 핑컬Mark David Finkel이 한 말이다.

"뭔가를 받았다고 명예롭게 된 사람은 없다. 명예는 뭔가를 줌으로써 받는 보상이다(No person was ever honored for what he received. Honor has been the reward for what he gave)."

존 캘빈 쿨리지가 한 말이다.

볼테르에 따르면 또 다른 명예의 원칙은 미쳐야 한다는 것이다. 볼테르는 이렇게 말했다.

"큰 명예를 얻거나 어떤 시스템의 창립자가 되려면 완전히 미쳐야 한다. 단 여러분의 광기가 시대의 변화와 분위기에 반드시 맞아떨어지게 해야 한다(If you wish to obtain a great name or to found an establishment, be completely mad; but be sure that your madness corresponds with the turn and temper of your age)."

;

명예는 누구에게나 주어진 기본점수다.

전략 ○ 지혜로운 인생경영은
전략에 달렸다

세계사는 전쟁사라고 해도 과언이 아니다. 그러나 인류는 1928년 부전조약不戰條約 체결 후 전쟁을 포기하는 방향으로 나아가고 있다. 언젠가는 세계 전역에서 총성이 완전히 멈출 것이다. 지금만큼 평온한 시대도 없다. 얄궂게도 지금처럼 전쟁을 방불케 하는 경쟁이 벌어지는 때도 없다. 삶의 모든 영역이 전쟁 또는 군사화된 것이다.

여기저기서 논하고 있는 전략戰略, strategy이란 무엇인가? 표준국어대사전에서는 이렇게 나온다.

"전쟁을 전반적으로 이끌어 가는 방법이나 책략. 정치·경제 따위의 사회적 활동을 하는 데 필요한 책략."

그렇다면 전략을 정의하는 데 쓴 책략策略은 또 무엇인가? '어떤 일을 꾸미고 이루어 나가는 교묘한 방법'이라고 나온다. 우리말에서 전략은 곧 책략이며, 전략가는 곧 책략가다. 전략은 교묘한 데가 있어야 하며, 책략가에게는 모사꾼의 이미지가 있다.

영어에서는 전략의 용법이 좀 다르다. 'strategy'는 과학이자 아트art이자 계획plan이다. 브리태니커백과사전이 정의하는 전략의 정의는 다음과 같다.

"전쟁의 목적을 달성하기 위해 한 나라의 군사·경제·정치를 비롯한 모든 자원을 이용하는 과학 혹은 아트(strategy, in warfare, the science or art of employing all the military, economic, political, and other resources of a country to achieve the objects of war)."

아트와 가장 가까운 우리말은 기예技藝라고 할 수 있다. 기예는 '예술로 승화될 정도로 갈고 닦은 기술이나 재주'이기 때문이다. 옥스퍼드영어사전에 따르면 전략은 '장기적이거나 종합적인 목표를 달성하기 위해 고안된 계획a plan of designed to achieve a long-term or overall aim'이다.

전략이 필요한 것은 경쟁하는 상대가 있기 때문이다

'전략=계획'이라는 등식이 세워진다면 어떤 계획을 세울 때마다 전략 또한 필요하다. 사랑에도 전략이 필요하다. 영국의 역사학자 애니타 브루크너Anita Brookner, 1928~2016는 이렇게 말했다.

"진정한 사랑은 순례다. 전략이 없을 때 일어난다. 그러나 대부분의 사람들이 전략가이기 때문에 진정한 사랑은 아주 드물다(Real love is a pilgrimage. It happens when there is no strategy, but it is very rare because most people are strategists)."

브루크너의 주장에 손을 들어준다면 대부분의 사람들에게는 전략가 기질이 있다. 전략가 기질이 있으면 그 기질은 발현된다. 전쟁에도 써먹고 다른 분야에도 쓸 수 있다. 비즈니스에도 쓴다. 미래학자 패트릭 딕슨Patrick Dixon, 1957~은 이렇게 말했다.

"비즈니스 전략은 더 나은 미래를 위한 전투 계획이다(Business strategy is a battle plan for a better future)."

여기서 딕슨은 전략과 전술tactic을 구분하지 않았다. 전략은 전쟁, 전술은 전투를 위한 것이라고 보면 딕슨이 한 말은 '비즈니스 전략은…… 미래를 위한 전쟁 계획이다'라고 바꿀 수 있다.

영국 코미디 작가 프랭크 뮤어Frank Muir, 1920~1998는 전략과 전술의 차이를 이렇게 표현했다.

"전략은 여성과 식사할 때 좋은 와인 한 병을 사는 것이다. 전술은 그녀가 와인을 마시게 하는 것이다(Strategy is buying a bottle of fine wine when you take a lady out for dinner. Tactics is getting her to drink it)."

연애에서나 비즈니스에서나 전략이 필요한 이유는 상대가 있고 경쟁자가 있기 때문이다. 일본 경제학자 오마에 겐이치大前研一, 1943~는 이렇게 말했다.

"경쟁 상대가 없다면 전략은 필요 없을 것이다. 왜냐면 전략 계획의 유일한 목적은 경쟁 상대에 대한 지속 가능한 우위를 회사가 가장 효과적으로 획득하는 데 있기 때문이다(Without competitors there would be no need for strategy, for the sole purpose of strategic planning is to enable the company to gain, as effectively as possible, a sustainable edge over its competitors)."

친구보다 적을 더 가까이 둬라

전략의 출발점은 나와 내 경쟁자들을 아는 것이다. 손자孫子는 말했다.

"남을 알고 나를 알면 백 번 싸워도 위태로울 일이 없다. 남을 모르고 나에 대해서만 알면 이기기도 하고 지기도 한다. 나에 대해서도 모르면 모든 전투에서 위험에 빠지게 될 것이다(If you know others and know yourself, you will not be imperiled in a hundred battles; if you do not know others but know yourself, you win and lose one; if you do not know others and do not know yourself, you will be imperiled in every single battle / 知彼知己 百戰不殆. 不知彼而 知己 一勝一負. 不知彼不知己 每戰必敗)."

경쟁자를 알려면 어떻게 해야 할까. 마리오 푸조Mario Puzo, 1920~1999와 프랜시스 포드 코폴라Francis Ford Coppola, 1939~가 극본을 쓴 영화 「대부 2」에 나오는 말에 답이 있을지 모른다.

"친구들을 가까이 하고 적들은 더욱 가까이 하라(Keep your friends close, and your enemies closer)."

어떤 무명씨는 한술 더 떠 이렇게 말한다.

"너의 적을 알기 위해서는 네가 너의 적이 돼야 한다(To know your enemy, you must become your enemy)."

나와 상대에 대해 알려고 하는 이 순간에도 상대는 쉬고 있는 게 아니다. 그도 나에 대해 알려고 하고 있다. 러시아 혁명가 레온 트로츠키Leon Trotsky, 1879~1940는 말했다.

"당신은 전략에 관심이 없을지 모르지만, 전략은 당신에게 관심이 있다(You may not be interested in strategy, but strategy is interested in you)."

상대에 대한 지식을 바탕으로 전략을 세운 다음에는 말보다 실천이다. 경영의 달인이라고 일컬어지는 미국 실업가 잭 웰치Jack Welch, 1935~의 전략 개념은 실천을 포괄한다. 그는 『위대한 승리Winning』에서 이렇게 말했다.

"사실 현실 세계에서 전략은 매우 간단하다. 일반적인 방향을 선택하고 죽기 살기로 실천하면 된다(In real life, strategy is actually very straightforward. You pick a general direction and implement like hell)."

전략의 실천은 CEO 혼자 하는 게 아니다. 전략이 조직 전체에 스며들어야 한다. 하버드 대학교 비즈니스스쿨의 마이클 포터Michael Porter, 1947~ 교수는 이렇게 말했다.

"내가 아는 최고의 CEO들은 스승이다. 그들이 가르치는 핵심은 전략이다(The best CEOs I know are teachers, and at the core of what they teach is strategy)."

;

친구보다 적을 더 가까이 해야 승리 전략이 나온다.
대부분의 사람은 전략가다.
그리고 전략을 모르면 패배하기 마련이다.

9

위기에 휘어져도 좋다,
꺾이지만 않는다면

경쟁　　　　○　　　　경쟁을 피하면
　　　　　　　　　　　　결과는 더 불행해진다

　　미국을 방문한 중국 지도자 시진핑習近平, 1953~에게 조지프
바이든Joseph Robinette Biden Jr., 1942~ 전 미국 부통령이 이렇게 말했다.

　　"미국인으로서 우리는 경쟁을 환영한다. 경쟁은 우리
DNA의 일부다. 경쟁은 미국 국민이 자리를 떨치고 일어
나 도전에 맞서게 하는 원동력이다(As Americans, we welcome
competition. It's part of our DNA and it propels our citizens to rise to
the challenge)."

　　경쟁을 꺼리는 DNA도 있다. 경쟁은 고통스럽다. 가능하
면 고통을 피하려는 게 생리다. 미국 기업인 존 록펠러John Davison
Rockefeller, 1839~1937의 말은 실감을 더한다.

"경쟁은 죄악이다(Competition is a sin)."

경쟁을 회피하는 심성은 정치에선 독재를, 경제에선 독점을 정당화한다. 민주주의와 시장경제가 꽃피는 곳은 경쟁을 막는 독재와 독점이 붕괴한 자리다.

경쟁의 고통에 강한 사람이 뭔가를 이뤄도 이룬다.

"경쟁은 신경줄을 동여매는 듯한 고통을 줄 수 있는 체험이지만 어떤 사람들은 경쟁을 통해 성장한다(Competition can be the most nerve-racking experience. Some people just thrive on it)."

바이올린 연주자 이츠하크 펄먼Itzhak Perlman, 1945~이 한 말이다.

경쟁 싫어하는 인간 본성이 독재, 독점을 정당화한다

나면서부터 '경쟁형 인간'도 있지만, 살다 보니 경쟁 습관에 물드는 사람도 있다. 월트 디즈니Walter Elias Disney, 1901~1966는 이렇게 말했다.

"나는 평생 고된 경쟁에 맞서 살아왔다. 경쟁이 없다면 어떻게 살아갈지 막막할 것이다(I have been up against tough competition all my life. I wouldn't know how to get along without it)."

경쟁에는 부작용도 있다. 경쟁은 승리와 패배, 승자와 패자를 낳는다. 버트런드 러셀은 주장했다.

"인생이란, 희생자보다는 가해자가 되려는 경쟁에 불과하다(Life is nothing but a competition to be the criminal rather than the victim)."

러시아 출신의 미국 무선기술자 데이비드 사르노프David Sarnoff, 1891~1971는 이렇게 말했다.

"경쟁은 제품에서는 최고의 것을, 인간에게선 최악의 것을 *끄집어낸다*(Competition brings out the best in products and the worst in people)."

'경쟁 얌체족' 때문에 속상할 일도 있다. 미국 정치가 드와이트 모로Dwight Morrow, 1873~1931는 이렇게 말했다.

"세상은 두 종류의 인간으로 나뉜다. 일하는 사람들과 자신이 하지 않은 일에 대한 공로를 인정받는 사람들이다. 가능하면 일하는 사람이 되라. 일하는 사람들 사이에는 경쟁이 훨씬 덜하다(The world is divided into people who do things, and people who get credit. Try, if you can, to belong to the first class, there is far less competition)."

비슷한 말로는 미국의 출판인 엘버트 허버드Elbert Hubbard, 1856~1915가 한 말이 있다.

"온 마음을 다해 일하면 성공한다. 실은 아주 약간의 경쟁이 있을 뿐이다(Do your work with your whole heart, and you will succeed–there's so little competition)."

여러 각도에서 경쟁을 극복할 수 있다. 경쟁이나 경쟁자를 외면하는 것도 속 편하게 사는 방법이다. 미국의 가수이자 배우 바버라 쿡Barbara Cook, 1927~2017은 말했다.

"나다운 나 자신이 될 수 있다면 경쟁이란 없다. 내 본질에 점점 더 가까이 가는 것으로 족하다(If you're able to be yourself, then you have no competition. All you have to do is get closer and closer to that essence)."

현명한 사람은 경쟁하지 않는다. 미국 화가 워싱턴 올스톤Washington Allston, 1779~1843은 이렇게 말했다.

"현명한 사람에게 어울리는 경쟁은 자기 자신과 벌이는 경쟁밖에 없다(The only competition worthy of a wise man is with himself)."

경쟁은 말들에게나 필요한 것이다

아예 경쟁은 인간이 할 짓이 아니라고 보는 견해도 있다. 헝가리 작곡가 벨러 버르토크Béla Bartók, 1881~1945는 주장했다.

"경쟁은 말들에게나 필요한 것이다. 예술가들에게는 쓸데없는 게 경쟁이다(Competitions are for horses, not artists)."

미국의 싱어송라이터 패티 스미스Patti Smith, 1946~는 한술 더 떠 이렇게 말했다.

"예술가란 신神과 경쟁에 돌입하는 사람이다(An artist is somebody who enters into competition with God)."

목표를 높여도 경쟁에서 해방된다. 캐나다 철도사업가 윌리엄 코르넬리우스 반 혼William Cornelius Van Horne, 1843~1915은 이렇게 말했다.

"가장 위대한 일이 제일 하기 쉽다. 경쟁이 없기 때문이다(The biggest things are always the easiest to do because there is no competition)."

생존이나 이익 같은 것을 목표에서 배제하는 것도 경쟁에서 해방되는 지름길이다.

"공중을 잘 떠받들겠다는 마음가짐으로 비즈니스에 임하는 장사꾼은 경쟁 때문에 두려워할 일이 없다(A merchant who approaches business with the idea of serving the public well has nothing to fear from the competition)."

미국 백화점 유통업체 '제이시 페니JC Penney'를 설립한 기업인 제임스 캐시 페니James Cash Penney, 1875~1971가 한 말이다.

경쟁의 부작용을 극복하려면 개인 차원의 노력뿐만 아니라 사회·조직 차원의 노력도 절실하다. 콜린 파월Colin Luther Powell, 1937~은 주장했다.

"가장 건강한 경쟁은 보통 사람이 평균 이상의 노력으로 승리할 때 발생한다(The healthiest competition occurs when average people win by putting above average effort)."

보통 사람이 '평균보다 훨씬 높은(well above average)' 노력으로도 성공할 수 없다거나 '평균보다 훨씬 낮은(well below average)' 노력으로도 성공이 가능한 사회는 경쟁의 구조가 잘못된 사회다. 공정하지 않은 사회에는 경쟁의 효율성까지 부인

되는 사회로 전락할 위험이 도사린다.

또 한 가지 방법은 조직 내 경쟁을 최소화하고 조직 간 경쟁을 극대화하는 것이다. 어떤 무명씨는 이렇게 말했다.

"개인과 개인 사이의 경쟁은 반목을 낳고 사기를 저하시키지만 조직끼리의 경쟁은 사기를 진작하고 창의성을 고무한다(Competition between individuals sets one against the other and undermines morale, but competition between organizations builds morale and encourages creativity)."

;
최고의 경쟁 상대는 나.
자아를 찾으면 나를 상대하는
경쟁마저 필요하지 않다.

조직에 잘 적응하는
사람이 결국 성공한다

임마누엘 칸트_{Immanuel Kant, 1724~1804}는 강조했다.

"과학은 지식을 조직화한 것이고, 지혜는 삶을 조직화한 것이다(Science is organized knowledge. Wisdom is organized life)."

조직이란 무엇인가?

"다섯 손가락이 서로 떨어져 있으면 조직의 다섯 구성 단위다. 손가락으로 주먹을 만들면 힘이 배가된다. 이런 게 조직이다(The five separate fingers are five independent units. Close them and the fist multiplies strength. This is organization)."

제임스 페니가 한 말이다.

신통치 않은 사람들도 조직으로 뭉치면 뭔가를 도모할 수

있다. 미국 언론인 조지프 소브란Michael Joseph Sobran Jr., 1946~2010은
이렇게 말했다.

"정치란 비생산적이지만 조직화된 사람들이 생산적이지
만 조직화되지 않은 사람을 상대로 꾸미는 음모다(Politics is the
conspiracy of the unproductive but organized against the productive but
unorganized)."

조직이 힘이요, 조직이 금숲이다. 우리 속담에 '구슬이 서
말이라도 꿰어야 보배'라고 했다. 아무리 훌륭한 생산 요소들
을 갖추고 있어도 다듬고 정리하지 않으면 요소들이 제 가치를
발휘할 수 없다. 개인 차원에서도 마찬가지다. 개인의 삶은 조
직화돼야 한다. 훌륭한 삶은 조직화된 삶이다. 성공하는 인간
은 조직에 잘 적응하는 인간이다. 혼자 일하는 천재도 자신이
속한 분야의 조직들과 얽혀 있다.

서양이 세계를 지배하게 된 비결은 조직이다

미국 정치학자 새뮤얼 헌팅턴Samuel Phillips Huntington, 1927~2008은
이렇게 말했다.

"서구가 세계를 얻게 된 것은 서구의 사상이나 가치나 종
교가 우월해서가 아니다. 조직화된 폭력을 행사하는 데 우월
했기 때문이다. 서구 사람들은 자주 이 사실을 잊어버린다. 비
서구인들은 절대 잊지 않는다(The West won the world not by the

superiority of its ideas or values or religion but rather by its superiority in applying organized violence. Westerners often forget this fact, non-Westerners never do)."

헌팅턴은 군사력의 중요성을 강조하기 위해 좀 과장했다. 서양이 세계를 지배하게 된 것은 정치·군사·경제·사회·문화 등 모든 분야에서 앞선 조직 덕분이다. 근대화·산업화·민주화도 결국 서양 시장경제와 민주정치를 운영하는 조직을 흉내 내는 데서 출발했다.

지금도 조직에 대해 가장 잘 아는 것은 미국과 유럽이다. 경제학·경영학·공학·정치학·사회학·심리학 등 다양한 학문에서 조직에 대한 연구 성과가 쏟아져 나오고 있다. 앞으로도 어떤 나라나 국제 지역이 21세기의 주역이 되느냐 마느냐는 결국 조직에 대한 방대한 연구 성과를 어떻게 흡수해 어떻게 국가와 사회와 기업의 조직을 업그레이드하느냐에 달렸다.

조직에 대해 아무리 강조해도 지나치지 않지만 과유불급過猶不及도 있다. 조직에 대해 회의하는 사람들이 있다. 흑인으로는 처음으로 미국 합동참모본부 의장과 국무장관의 자리에 오른 콜린 파월의 말을 들어보자.

"조직은 정말 아무것도 달성하지 못한다. 계획 또한 아무것도 달성하지 못한다. 경영 이론도 별로 중요하지 않다. 어떤 시도가 성공하느냐 실패하느냐는 어떤 사람들이 간여하느냐에 달렸다. 위대한 일을 성취하려면 최고의 사람들을 일에 끌어들이는 수밖에 없다(Organization doesn't really accomplish anything. Plans don't accomplish anything, either. Theories of management don't much matter. Endeavors succeed or fail because of the people involved. Only by attracting the best people will you accomplish great deeds)."

파월은 또 이렇게 말했다.

"조직도와 화려한 직함 따위는 거의 쓸데없다(Organization charts and fancy titles count for next to nothing)."

파월의 말에도 과장이 담겨 있다. 조직도 중요하고 사람도 중요하다. 그러나 정부도 기업도 조직을 맹신하고 조직에 집착하는 성향이 있는 것도 사실이다. 정부가 바뀔 때마다 조직 개편으로 부서를 없애고 만들고 합치고 이름을 바꾼다. 정부의 홍보 부족인지 모르지만 국민은 조직이 바뀌어도 무엇이 달라지고 좋아졌는지 잘 모른다.

회의를 자주하는 조직은 나쁜 조직이다

어떤 조직이 나쁜 조직인가? 피터 드러커Peter Ferdinand Drucker, 1909~2005는 말했다.

"회의는 나쁜 조직의 징후다. 회의는 적을수록 좋다 (Meetings are a symptom of bad organization. The fewer meetings the better)."

조직 개편에 따라 부서들이 이사를 자주 하는 조직에는

적신호가 켜진 것이다. 지나치게 빈번한 조직 개편을 위해 회의를 자주 하는 것은 남성들의 단골 화제인 군대 이야기와 축구 이야기를 싫어하는 여성에게 '군대에서 축구하는 이야기'를 하는 것만큼, 나쁘다. 잘못된 조직 문화는 똑똑한 사람을 바보로 만들고 이성적인 사람을 완고하게 만든다.

"똑똑한 사람들도 조직에 모아놓으면 집단적 어리석음에 빠지는 경향이 있다(Intelligent people, when assembled into an organization, will tend toward collective stupidity)."

미래학자이자 경영컨설턴트인 카를 알브레히트Karl Albrecht, 1920~2014가 한 말이다.

2002년 노벨경제학상을 수상한 심리학자 대니얼 카너먼Daniel Kahneman, 1934~도 비슷한 견해를 말했다.

"그룹의 모든 성원이 비슷한 편견에 빠지게 되면 그룹은 개인보다 열등하게 된다. 그룹은 개인보다 극단적인 경향이 있기 때문이다(When everybody in a group is susceptible to similar biases, groups are inferior to individuals, because groups tend to be more extreme than individuals)."

조직을 강조하다 개인이 보이지 않게 함몰시키는 것은 오류다. 『성공하는 사람들의 7가지 습관The 7 Habits of Highly Effective People』의 저자 스티븐 코비Stephen Richards Covey, 1932~2012는 이렇게 말했다.

"힘 있는 조직은 조직원들이 개인적인 성공에 필요한 지식·스킬·욕구·기회를 지녔고 그들의 성공을 바탕으로 집단적·조직적 성공을 이룩하는 조직이다(An empowered organization is one in which individuals have the knowledge, skill, desire, and opportunity to personally succeed in a way that leads to collective organizational success)."

;

구슬이 서 말이라도 꿰어야 보배다.
다섯 손가락이 주먹 돼야 힘을 쓰듯 말이다.

관계 　　○　　 '부장답지 않은 부장'도
부장으로 대하라

　　사람은 사회적 동물이기에 거미줄처럼 얽힌 관계의 그물 속에서 산다. 사람들 사이에 맺어지는 관계를 '인연因緣'이라고 한다. 인연은 질기다. 인연은 쉽게 끝나지 않는다.

　　이용가치가 없으면 관계가 아예 형성되지 않거나 종결될 수 있을까. 영국 태생의 미국 시인, 저술가인 위스턴 휴 오든 Wystan Hugh Auden, 1907~1973은 그렇다고 봤다. 그는 이렇게 주장했다.

　　"인간관계의 대부분은 상호 착취나 지적·신체적 물물교환의 형태로 시작한다. 관계는 대부분 그런 형태로 유지되다가 한쪽이나 양쪽 모두 줄 게 없으면 종결된다(Almost all our relationships begin and most of them continue as forms of mutual exploitation, a mental or physical barter, to be terminated when one or both parties run out of goods)."

죽은 사람은 줄 게 없을 것 같다. 한쪽이 죽으면 관계도 끝인가. 그렇지 않다. 적어도 살아 있는 사람의 마음속에선 관계가 영원하다. 『모리와 함께한 화요일Tuesdays with Morrie』의 주인공인 모리 슈워츠Morris Schwartz, 1916~1995 교수는 이렇게 말했다.

"죽음으로 삶은 끝나지만 관계는 끝나지 않는다(Death ends a life, not a relationship)."

우리 생활을 돌아봐도 죽음으로 관계가 끝나는 게 아니다. 조상에게 제사를 지낸다. 조상은 꿈에서 나타나 복권 번호를 가르쳐주기도 한다.

세상을 떠난 다음에도 받을 게 있고 줄 게 있다. 산 사람은 더욱 줄 게 많다. 우선 사랑과 존경을 줄 수 있다. 미국 배우 조디 포스터Jodie Foster, 1962~는 주장했다.

"사랑과 존중은 양육을 포함해 모든 관계에서 가장 중요한 측면이다(Love and respect are the most important aspects of parenting, and of all relationships)."

모든 관계에서 핵심은 결국 사랑이다

사랑은 모든 관계의 핵심에 자리 잡은 '약방에 감초'다. 영국의 축구선수 닉 리처드슨Nick Richardson, 1967~의 말처럼 말이다.

"어떤 관계에서 이기심을 전부 덜어내면 사랑이 남는다 (Love is what is left in a relationship after all the selfishness is taken out)."

좋은 관계를 위해선 충실한 내 모습을 보여줘야 한다. 부처님은 이렇게 말한다.

"건강은 최고의 선물, 만족은 최고의 재산, 충실함은 최고의 관계다(Health is the greatest gift, contentment the greatest wealth, faithfulness the best relationship)."

겸손한 내 모습도 보여줄 수 있다. 미국 정치인 벤저민 프랭클린Benjamin Franklin, 1706~1790은 이렇게 말했다.

"겸손은 윗사람에게는 의무, 나와 동등한 사람에게는 예의, 아랫사람에게는 기품이다(To be humble to superiors is duty, to equals, courtesy, to inferiors, nobleness)."

사람마다 어려움을 겪는 관계의 분야가 다르다. 미국의 음악인 존 바에즈Joan Baez, 1941~는 이렇게 말했다.

"내게 가장 쉬운 관계는 1만 명과 맺는 관계다. 가장 어려운 관계는 일대일 관계다(The easiest kind of relationship for me is with ten thousand people. The hardest is with one)."

윗사람과 아랫사람 관계만큼 어려운 것은 없다. '답지 않음'이 한 원인이다. 사장답지 않은 사장, 신입사원답지 않은 신입사원이 있다. 괴테는 말했다.

"사람들을 그들이 응당 갖춰야 할 모습을 이미 갖춘 것처

럼 대접하라. 그렇게 하는 것은 그들이 될 수 있는 존재가 되는
데 도움을 주는 것이다(Treat people as if they were what they ought
to be, and you help them to become what they are capable of being)."

부장답지 않은 부장도 부장으로 대하면 실제로 부장답게
된다는 이야기다.

조직은 무엇 무엇에도 '불구하고'
서로 좋아할 것을 요구한다

아랫사람이나 윗사람이 '이상하게' 보이기 때문에 관계를
유지하는 게 싫은 경우가 있다. 남들에게 이상하게 보이면 '왕
따'가 될 수도 있는 게 사실이다. 이에 대해 1950~60년대에 활
동한 미국 코미디언 조 앤시스는 누구나 다 비정상이라고 주장
했다. 그는 이렇게 말했다.

"정상적인 사람은 여러분들이 잘 모르는 사람들 외에는
없다(The only normal people are the ones you don't know very well)."

나를 무시하기 때문에, 나로 하여금 열등감을 느끼게 하
기 때문에 관계가 껄끄러워질 수 있다. 그런 경우 프랭클린 루
스벨트Franklin Delano Roosevelt, 1882~1945 대통령의 부인인 엘리너 루스
벨트Anna Eleanor Roosevelt, 1884~1962가 한 다음과 같은 말은 참조할 만
하다.

"여러분의 동의 없이 여러분이 열등감을 느끼게 할 수

있는 사람은 없다(No one can make you feel inferior without your consent)."

주는 것 없이 미운 사람이 있다. 아일랜드 작가 오스카 와일드Oscar Wilde, 1854~1900의 말처럼.

"미움은 사랑과 마찬가지로 맹목적이다(Hatred is blind, as well as love)."

그런 경우에는 차라리 서로의 이용가치를 생각하는 게 낫다. 맹목적으로 미워하지 말고 주고받을 게 있으면 주고받아야 한다.

연인이나 부부 사이에서도 그렇지만 직장 내에서도 사랑과 미움이 교차하며 사이클을 그릴 수 있다. 그래도 걱정하거나 근심할 필요 없다. 프랑스 작가 마르셀 주앙도Marcel Jouhandeau, 1888~1979는 말했다.

"어떤 사람에 대해 진정으로 알려면 번갈아 그를 사랑도 해보고 미워도 해봐야 한다(To really know someone is to have loved and hated in turn)."

사람은 조직 생활과 개인 생활을 넘나들 때 자유자재로 감정의 스위치를 끄고 켤 수 없다. 그렇게 할 수 있는 훈련과 배려가 필요하다.

"우리는 무엇 무엇 '때문에' 좋아하지만 무엇 무엇에도 '불구하고' 사랑한다(We like someone because. We love someone although)."

프랑스 작가 앙리 드 몽테를랑Henri de Montherlant, 1896~1972이 한 말이다. 그런데 조직은 무엇 무엇에도 불구하고 멤버들이 서로 사랑하지는 않더라도 적어도 서로 좋아해야 하는 곳이다.

미국 사상가 헨리 데이비드 소로Henry David Thoreau, 1817~1862는 말한다.

"우리가 사랑할 수 있는 사람을 우리는 미워할 수도 있다. 다른 사람들에 대해선 무관심하다(Those whom we can love, we can hate; to others we are indifferent)."

공동체는 무관심 또한 허용할 수 없다.

『어린 왕자Le Petit Prince』의 작가 앙투안 드 생텍쥐페리Antoine de Saint-Exupéry, 1900~1944는 말했다.

"인간관계를 빼면 그 어떤 즐거움의 희망도 없다(There is no hope of joy except in human relations)."

나라의 발전, 지역 공동체의 번영, 회사의 번창도 결국 인간관계 속에서 이뤄진다.

;

삶은 끝나도 관계는 끝날 수 없다.
조직의 희망은 관계 속에서 의미가 커진다.

협상   ○   # 협상의 기술만 알면
사는 게 쉬워진다

'사는 게 죄다'라는 말이 있지만 '사는 게 협상이다'라는 말도 성립한다. 인질 협상, 임금 협상, 통상 협상, 핵 협상, 대선 후보 단일화 협상 등 무게 있어 보이는 일에만 협상이 필요한 것은 아니다. 협상은 일상생활 속에도 깊숙이 들어와 있다.

애들 밥 먹이는 것, 게임 그만하고 공부하게 만드는 데 필요한 것도 협상이다. 미국의 영화배우 메릴 스트립Meryl Streep, 1949~은 이렇게 말했다.

"가정을 꾸려나가는 데에는 로드맵이 없다. 항상 힘겨운 협상이 필요하다(There's no road map on how to raise a family: it's always an enormous negotiation)."

높은 연봉을 받고 고속 승진을 하는 것도 일만 열심히 한다고 되는 게 아니다. 협상도 필요하다.

"비즈니스에서는 여러분의 값어치만큼 얻는 게 아니라 여러분이 협상한 만큼 얻는다(In business, you don't get what you deserve, you get what you negotiate)."

협상 전문가 체스터 L. 캐러스_{Chester L. Karrass, 1924~}가 한 말이다.

알고 보면 수십 가지에 달하는 협상 전략이 일상 속에서 구사된다. '싫으면 말고'라고 하는 것도 협상적 표현이다. '가져가든지 말든지_{take it or leave it}' 전략에 해당한다. '너 죽고 나 죽자'라는 식으로 덤비는 것도 '확실한 공멸_{Mutually Assured Destruction, MAD}' 협상술과 연관성이 있다.

협상 줄다리기 싫어도 협상 ABC는 알아야 한다

시작이 반이다. 준비가 시작이다. 협상의 출발점도 준비다. 협상 준비에서 가장 중요한 것은 상대방 정보를 수집하는 것이다.

"상대편에 대해서 항상 알아보라. 모르는 대상과는 절대 협상하지 말라(Always get to know the other party. Never negotiate with a stranger)."

스피킹, 협상 전문가 소머스 화이트_{Somers White}가 한 말이다.

모든 협상 대상은 '협상을 좋아하는 인간'이거나 '협상을 싫어하는 인간', 둘 중 하나다. 네 가지로 나눈다면 사람은 '협상을 아주 좋아하는', '협상을 좋아하는', '협상을 싫어하는', '협상을 아주 싫어하는' 유형으로 나뉜다.

사실 모든 사람이 '협상형 인간'이지만, 협상 대상이 '극단적인 협상형 인간'인 경우, 온갖 꼼수를 다 부릴지 모른다. 자기가 아는 모든 협상 기법을 하나하나 다 써먹으려 할지 모른다. 힘으로 누르려고 할지 모른다.

"상냥한 말만으로는 부족하다. 상냥한 말에 총과 칼이 덧붙여졌을 때 훨씬 더 멀리 갈 수 있다(You can get much farther with a kind word and a gun than you can with a kind word alone)."

미국의 갱단 우두머리 알폰소 카포네Alphonse Gabriel Capone, 1899~1947가 한 말이다.

짐짓 화난 척할지도 모른다.

"분노는 효과적인 협상 도구가 될 수 있다. 분노가 나를 화나게 하는 상대방에 대한 반응이 아니라 계산된 행동일 때에만 그렇다(Anger can be an effective negotiating tool, but only as a calculated act, never as a reaction)."

미국의 작가, 기업인 마크 매코맥Mark McCormack, 1930~2003이 한 말이다.

협상은 사실 피곤하다. 눈빛만 봐도 뜻이 통하고 알아서 착착 움직이는 조직·공동체가 좋다. 그러나 살다 보면 '극단적 협상형 인간'을 만나기 마련이다. 사람들 중에 극소수가 도둑이지만 그 극소수 도둑 때문에 방범防犯이 필요하다. 뭐든지 협상하겠다는, 그것도 극단적 방법도 동원하겠다는 사람들이 존재하기 때문에 누구나 협상에 대해 알아야 한다.

함부로 '예', '아니요' 하지 말아야 한다

최소한 세 가지를 알아내야 한다. 우선 비즈니스 심리학자 하비 로빈스Harvey Robbins 는 다음을 주문한다.

"상대편이 생각하는 이익이 무엇인지 알아내는 것을 최우선으로 삼아라(Place a higher priority on discovering what a win looks like for the other person)."

상대편의 '협상에 대한 최선의 대안', 즉 '배트나Best Alternative to Negotiating an Agreement, BATNA'에 대해서도 알아내야 한다. 협상 안하고도 될 만한 뭔가가 있을지 모른다. 대안이 없으면 배짱은 허세다.

협상의 목표는 서로 주고받는 것이다. 최대한 조금 주고, 최대한 많이 받는 것이다. 전문용어로 표현하면 '조파ZOPA'를 파악해야 한다. 리 L. 톰프슨Leigh L. Thompson 노스웨스턴 대학교 교수는 다음과 같이 ZOPA를 정의한다.

"ZOPA, 즉 '합의 가능 영역'은 사는 사람이 지불할 의사가 있는 최고치와 파는 사람이 수용할 의사가 있는 최저치 사이의 겹치는 부분을 대표한다(The zone of possible agreement, or

ZOPA, represents the overlap between the most the buyer is willing to pay and the least the seller is willing to accept)."

협상 전문가의 자질에는 어떤 게 있을까? 우선 '협상으로 이상을 추구할 수 있다'는 협상에 대한 믿음이 필요하다.

"이상으로 시작해 서로에게 이득이 되는 합의로 마무리하라(Start out with an ideal and end up with a deal)."

독일 기업인 카를 알브레히트가 한 말이다. 아무리 자그마한 정보라도 놓치지 않는 예민한 탐정·심리학자의 분석력도 필요하다.

"협상가는 모든 것을 관찰해야 한다. 협상가는 셜록 홈스이자 지그문트 프로이트가 돼야 한다(A negotiator should observe everything. You must be part Sherlock Holmes, part Sigmund Freud)."

미국 기업인 빅터 키암Victor Kiam, 1926~2001이 한 말이다.

쉽지는 않으나 협상가는 신중하면서도 과감해야 한다. 세네카Lucius Annaeus Seneca, B.C.4~A.D.65가 말했듯 말이다.

"소심한 요청은 거절을 부른다(Who makes a timid request invites denial)."

언행의 신중함도 필요하다. 미국의 기업인, 작가 로이스와이즈Lois Wyse, 1926~2007는 이렇게 말했다.

"비즈니스에서 오가는 말 중에 가장 위험한 말은 '아니요'다. 두 번째로 위험한 말은 '예'다. 둘 다 피하는 게 가능하다(The single and most dangerous word to be spoken in business is no.

The second most dangerous word is yes. It is possible to avoid saying either)."

프랑스 작가 조제프 주베르_{Joseph Joubert, 1754~1824}도 이렇게 말했다.

"풀 수 있는 매듭을 자르지 마라(Never cut what you can untie)."

섣부른 '아니요'로 협상을 물 건너가게 만들지 말아야 한다.

사는 것은 두렵다. 협상의 두려움만 극복해도 사는 게 한결 만만해진다. 존 F. 케네디는 1961년 1월 20일 취임식에서 역설했다.

"절대 두려움 속에서 협상하지 말고, 협상하는 것을 절대 두려워하지 맙시다(Let us never negotiate out of fear, but let us never fear to negotiate)."

1차적으로 '협상하다'라는 뜻인 'negotiate'에는 '장애물이나 험난한 길을 극복할 길을 발견하다'라는 뜻도 있다. 뭔가를 극복한다는 관점에서 보면 협상의 지혜와 삶의 지혜는 동일하다.

;
협상의 지혜는 곧 삶의 지혜다.
협상술만 알아도 사는 게 훨씬 수월해진다.

리더십   ○

진정한 리더는
희망을 파는 사람이다

사랑이라든가 우정과 같은 삶의 영역에 대해서는 속담도 있고 아포리즘도 있다. 그런데 흥미롭게도 리더, 리더십이 등장하는 속담은 없다. 옥스퍼드영어사전에 따르면 '리더십leadership' 이라는 단어가 영어에 등장한 건 19세기다. 리더십이라는 개념이 민주주의와 산업사회 발전의 부산물이라는 걸 시사한다.

근대적 의미의 리더십은 왕후장상王侯將相의 씨가 따로 있지 않은 평등사회를 배경으로 한다. 그러나 리더십을 다룬 초기 이론은 '리더십은 타고나는 것'이라고 주장했다. 명문대가 집안에서 태어났든 아니면 미천한 집안에서 태어났든 상관없지만, 리더십은 교육이나 환경보다 유전의 산물이라는 것이다.

타고난 리더로 태어났든 각고의 노력으로 리더십을 갖췄든 리더란 무엇인가? 리더는 '무엇'을 하는 '누구'인가? 리더는 국민의 희망, 회사와 같은 조직원의 희망이 아닐까. 나폴레옹이 정의하는 리더도 위와 같다.

"리더는 희망을 파는 사람이다(A leader is a dealer in hope)."

리더와 짝을 이루는 리더십도 생각하기에 따라 그리 어려운 게 아니다. 캐나다 총리를 지낸 장 크레티앵Jean Chrétien, 1934~이 말했다.

"리더십이란 사람들을 기분 좋게 하는 것이다(Leadership means making people feel good)."

얄궂게도 사람들을 기분 좋게 해야 하는 리더 자신은 '욕먹는 사람'이다. 정계·재계 리더들만큼 혐오의 대상이 되는 사람이 있을까. 리더가 되려면 웬만한 비난에도 눈 깜짝 하지 않는 맷집을 갖춰야 한다. 세네카Seneca, B.C.4?~A.D.65는 말한다.

"군주가 갖춰야 할 첫째 기예art는 미움을 이겨내는 힘이다(The first art of a monarch is the power to endure hatred)."

어쨌든 희망을 팔고, 희망을 사준 사람들을 '행복하게' 하려면 리더는 자신이 맡은 나라(대통령, 총리, 위원장)나 회사CEO나 가정(여성이든 남성이든 '가장')을 위해 자신과 구성원이 무엇을 해야 하는지 알아야 한다. 린든 존슨Lyndon Baines Johnson, 1908~1973 미국 대통령은 이와 관련해 말했다.

"대통령에게 가장 힘든 업무는 올바른 일을 하는 게 아니라 올바른 일이 무엇인지 아는 것이다(A president's hardest task is not to do what is right, but to know what is right)."

리더에게 앎이 얼마나 중요한지를 클래런스 랜들Clarence Randall, 1891~1967만큼 잘 표현한 사람도 없다. 랜들은 아이젠하워 행정부 시절 미 대외 경제 정책을 입안한 인물이다. 그는 리더와 안다는 것의 관계를 다음과 같이 정의한다.

"리더는 알아야 하며, 자신이 안다는 것을 알아야 하며, 주변 사람들에게 자신이 안다는 것을 충분히 명료하게 드러낼 수 있어야 한다(The leader must know, must know that he knows, and must be able to make it abundantly clear to those about him that he knows)."

전쟁에서 이기려면 좋은 전략strategy이, 전투에서 이기려면 좋은 전술tactic이 필요하다. 전쟁과 전투, 전략과 전술만큼이나 다르기 때문에 구별해야 하는 게 경영management과 리더십이다. 피터 드러커는 다음과 같이 그 차이를 표현했다.

"경영은 일을 올바르게 하는 것이요, 리더십은 올바른 일을 하는 것이다(Management is doing things right; leadership is doing the right things)."

자신의 소명에 대해 알고 조직 안팎의 환경을 아는 리더는 또 무엇을 해야 하는가? 선택을 해야 한다. 나폴레옹은 선택할 줄 아는 능력을 강조했다.

"선택 능력만큼 어려운 것은 없기 때문에 선택 능력보다

가치 있는 것은 없다(Nothing is more difficult, and therefore more precious, than to be able to decide)."

선택 못지않게 어려운 건 다스리는 것이다. 다스리는 건 일을 시키는 기능을 포함한다. 그래서 프리드리히 빌헬름 니체 Friedrich Wilhelm Nietzsche, 1844~1900는 『차라투스트라는 이렇게 말했다 Also Sprach Zarathustra』에서 이렇게 말한 것이다.

"위대한 일을 하는 것은 어렵지만 위대한 일을 시키는 것은 더 어렵다(To do great things is difficult; but to command great things is more difficult)."

태어나면서부터 남에게 일을 잘 시키는 사람은 없다. 치고받는 과정을 통해야 싸움을 잘하게 된다. 마찬가지로 다스려보고 다스림의 대상이 돼봐야 리더십을 키울 수 있다. 남이 시킨 일을 잘하는 사람이 남을 잘 부린다. 아리스토텔레스Aristotle, B.C.384~B.C.322는 『정치학The Politics』에서 이렇게 말했다.

"좋은 통치자가 되려는 사람은 우선 통치를 받아야 한다 (He who is to be a good ruler must have first been ruled)."

다스림의 대상이 돼봐야 리더십을 키울 수 있다

좋은 교육을 받고 실력을 갖추어도 취업도 쉽지 않고 경영도 쉽지 않은 시대에 리더십을 운운하는 건 한가해 보일 수도 있다. 그러나 그런 시대일수록 리더십이 필요한 게 아닐까. 교육학자 다이앤 라비치Diane Ravitch, 1938~는 이런 말을 한 적이 있다.

"'어떻게'를 아는 사람에겐 항상 일자리가 있다. '왜'를 아는 사람은 항상 일하는 사람의 우두머리가 될 것이다(The person who knows 'how' will always have a job. The person who knows 'why' will always be his boss)."

'무엇'을 '어떻게', '왜'에 대해 고민하는 리더가 참 리더다. 그 어느 것 하나 모르는 리더는 사기꾼에 불과하다. 윈스턴 처칠의 말처럼 말이다.

"위대함의 대가는 책임이다(The price of greatness is responsibility)."

;
경영이 일을 올바르게 하는 것이라면
리더십은 올바른 일을 하는 것이다.

부 록

인생을 바꾸는
명문장 필사 30

책에 나오는
거장들의 명문장을
가슴에 새기며
직접 따라 써보세요.

"행복은 여러분이 체험하는
그 무엇이 아니라
기억하는 그 무엇이다."

"Happiness isn't something you experience it's
something you remember."

— 오스카 레반트

01

"우리가 반복해서 하는 행동이
곧 우리다. 그렇게 보면 탁월함이란
행동이 아니라 습관이다."

"We are what we repeatedly do. Excellence, then, is
not an act, but a habit."

— 아리스토텔레스

02

"스스로를 신뢰하라.
여러분은 여러분이 안다고 생각하는
것보다 더 많이 안다."

"Trust yourself.
You know more than you think you do."

— 벤저민 스폭

03

_____

_____

_____

_____

_____

_____

_____

"변화는 삶의 법칙이다.
과거나 현재만 바라보는 사람들은
미래를 놓치기 마련이다."

"Change is the law of life. And those who look only
to the past or present are certain to miss the future."

— 존 F. 케네디

04

"남들에게 의존하는 성향은
우리를 노예로 만든다.
특히 자기존중의 경우에 그렇다.
만인의 격려와 칭찬을 받아야
직성이 풀린다면, 이는 만인을 자신의
심판관으로 삼는 것과 같다."

"Our dependency makes slaves out of us, especially if
this dependency is a dependency of our self-esteem.
If you need encouragement, praise, pats on the back
from everybody, then you make everybody your
judge."

— 프리츠 펄스

"인이 필요한 때와
단호함이 필요한 때를
아는 것이 지혜다."

"To know when to be generous and
when to be firm - this is wisdom."

— 엘버트 허버드

06

"오로지 자신의 마음을 바라볼 때
비전이 선명해진다.
밖을 보는 자는 꿈꾸는 자요,
안을 보는 자는 깨어 있는 자다."

"Your vision will become clear only when you look
into your heart. Who looks outside, dreams. Who
looks inside, awakens."

— 카를 구스타프 융

"뭔가를 두려워하면 그 뭔가가 나를
지배하게 된다."

"He who fears something gives it power over him."

— 무어인 속담

08

"모든 결정의 순간에서 최선은 올바른
일을 하는 것이다. 차선은 잘못된 일을
하는 것이다. 최악은 아무 일도 하지 않는
것이다."

"In any moment of decision, the best thing you
can do is the right thing, the next best thing is the
wrong thing, and the worst thing you can do is
nothing."

— 시어도어 루스벨트

"너무 멀리 보는 것은 잘못이다.
운명의 사슬은 한 번에 한 고리씩만
다룰 수 있다."

"It is a mistake to look too far ahead.
Only one link in the chain of destiny can be
handled at a time."

— 윈스턴 처칠

"나다운 나 자신이 될 수 있다면
경쟁이란 없다. 내 본질에 점점 더 가까이
가는 것으로 족하다."

"If you're able to be yourself, then you have no
competition. All you have to do is get closer and
closer to that essence."

— 바버라 쿡

"겸손은 윗사람에게는 의무,
나와 동등한 사람에게는 예의,
아랫사람에게는 기품이다."

"To be humble to superiors is duty, to equals,
courtesy, to inferiors, nobleness."

— 벤저민 프랭클린

"지금 할 수 있는 것이나 미래에 하면
좋겠다고 꿈꾸는 것을 당장 시작하라.
과감함에 담긴 것은 천재성과 힘과
마법이다."

"Whatever you can do, or dream you can, begin it.
Boldness has genius, power and magic in it."

— 요한 볼프강 폰 괴테

"운명은 과거에 우리가 한 일에 불과하다."

"Fate is nothing but the deeds committed in a prior
state of existence."

— 랠프 에머슨

14

"단지 행복해지려고만 한다면 쉽게
행복해질 수 있다. 그러나 우리는 다른
사람들보다 더 행복해지기를 바란다.
남들보다 행복해지는 것은 항상 어려운
일이다. 왜냐면 우리는 다른 사람들이
실제보다 더 행복하다고 믿기 때문이다."

"If one only wished to be happy, this could be easily
accomplished; but we wish to be happier that other
people, and this is always difficult, for we believe
others to be happier than they are."

— 샤를 드 몽테스키외

"풀 수 있는 매듭을 자르지 마라."

"Never cut what you can untie."

— 조제프 주베르

"위대한 일을 하는 것은 어렵지만
위대한 일을 시키는 것은 더 어렵다."

"To do great things is difficult; but to command
great things is more difficult."

— 프리드리히 빌헬름 니체

"관리자에게 가장 희소한 자원은 시간이다.
시간을 관리할 수 없으면 그 어떤 다른
것도 관리할 수 없다."

"Time is the scarcest resource of the manager; if it is
not managed, nothing else can be managed."

— 피터 드러커

18

"인생은 해결해야 할 문제가 아니라
경험해야 할 현실이다."

"Life is not a problem to be solved, but a reality to
be experienced."

— 죄렌 아비에 키에르케고르

"사람들을 그들이 응당 갖춰야 할 모습을
이미 갖춘 것처럼 대접하라.
그렇게 하는 것은 그들이 될 수 있는
존재가 되는 데 도움을 주는 것이다."

"Treat people as if they were what they ought to be,
and you help them to become what they are capable
of being."

— 요한 볼프강 폰 괴테

"생각은 말로 나타나고 말은 행동으로
나타나며 행동은 습관으로 발전한다.
습관이 굳어지면 성격이 된다."

"The thought manifests as the word. The word
manifests as the deed. The deed develops into habit.
And habit hardens into character."

— 『법구경』

"희망은 보이지 않는 것을 보고,
만질 수 없는 것을 느끼며,
불가능한 것을 성취한다."

"Hope sees the invisible, feels the intangible, and
achieves the impossible."

— 헬렌 켈러

"말한다는 것은 이미 아는 것을 반복하는
것이지만 듣는다는 것은 종종 뭔가를
배우는 것이다."

"When you talk, you repeat what you already know.
When you listen, you often learn something."

— 자레드 스파크스

"모든 사람은 자신의 시야의 한계를
세상의 한계라고 잘못 생각한다."

"Every person takes the limits of their own field of
vision for the limits of the world."

— 아르투르 쇼펜하우어

24

"사람들은 마법이 현실을 변화시키는
방법이라고 생각하지만, 궁극적으로
여러분을 변화시킨 것은 오로지 여러분
자신이라는 것을 발견할 것이다."

"People think magic's a way of transforming reality–
but in the end, you find that all that you've changed
is yourself."

— 앤디 디글

"우리는 운명의 틀을 선택할 권한은
없지만 그 틀에 넣을 것은 우리가 정하는
것이다."

"We are not permitted to choose the frame of our
destiny. But what we put into it is ours."

— 다그 함마르시욀드

26

"고통은 일시적이다. 고통은 1분, 1시간,
1일, 혹은 1년 동안 지속될지 모른다.
그러나 고통은 결국 사라지고 고통이
있었던 자리에 뭔가 다른 것이 들어선다.
하지만 내가 뭔가를 포기하면 고통은
영원하게 된다."

"Pain is temporary. It may last a minute, or an hour,
or a day, or a year, but eventually it will subside and
something else will take its place. If I quit, however,
it lasts forever."

— 랜스 암스트롱

"열정이 없는 게 아니라 열정을
정복하는 데 인간의 행복이 달려 있다."

"The happiness of a man in this life does not consist
in the absence but in the mastery of his passions."

— 앨프리드 테니슨

28

"오랜 경험으로 내가 발견한 것은, 아무도 신뢰하지 않는 사람은 누구의 신뢰도 받지 못하는 사람이라는 것이다."

"In long experience I find that a man who trusts nobody is apt to be kind of man nobody trusts."

— 모리스 맥밀런

"가장 중대한 인생의 문제들은 근본적으로
해결이 불가능하다. 그런 문제들은 절대
해결될 수 없으며 다만 성숙하게 됨에
따라 털어낼 수 있다."

"The greatest and most important problems of life
are all fundamentally insoluble. They can never be
solved but only outgrown."

— 카를 구스타프 융

곁에 두고 읽는
인생 문장

초판 1쇄 | 2020년 2월 7일
3쇄 | 2020년 4월 29일

지은이 | 김환영

발행인 | 이상언
제작총괄 | 이정아
편집장 | 조한별
책임편집 | 김수나
마케팅 | 김주희, 김다은

디자인 | 여만엽

발행처 | 중앙일보플러스(주)
주소 | (04517) 서울시 중구 통일로 86 4층
등록 | 2008년 1월 25일 제2014-000178호
판매 | 1588-0950
제작 | (02) 6416-3709
홈페이지 | jbooks.joins.com
네이버 포스트 | post.naver.com/joongangbooks
인스타그램 | @j_books

ⓒ 김환영, 2020

ISBN 978-89-278-1089-6 (03190)

중앙북스는 중앙일보플러스(주)의 단행본 출판 브랜드입니다.